postres crudiveganos

DELICIOSOS PASTELES, GALLETAS, CUPCAKES Y OTROS DULCES CRUDIVEGANOS SIN GLUTEN QUE CAUSARÁN SENSACIÓN

Emily von Euw
CREADORA DE THISRAWSOMEVEGANLIFE.COM

Editorial EJ Juventud
Provença, 101 - 08029 Barcelona

Título original: RAWSOME VEGAN BAKING

Publicado originalmente en 2014
por Page Street Publishing Co.

Prólogo de Laura Basagaña,
editora de *Llavor cultural*,
periodista de Soycomocomo.es | Etselquemenges.cat

EDITORIAL JUVENTUD, S. A., 2016
Provença, 101 - 08029 Barcelona
info@editorialjuventud.es
www.editorialjuventud.es

Traducción de Nuria Caminero Arranz

Primera edición, 2016

ISBN 978-84-261-4362-4

DL B 9174-2016
Núm. de edición de E. J.: 13.249
Printed in Spain
Impuls 45, Av. Sant Julià 104-112, Barcelona

Dedicado a ti.

Contenido

El festín de los sentidos [y de la razón]

por Laura Basagaña

Comer, comemos cada día. Con mayor o menor conocimiento de causa. Con mayor o menor acierto. Y el comer debería ser un ritual lo más consciente posible, una nutrición para nuestro cuerpo, que es al fin y al cabo, nuestro compañero de aventuras vitales.

Se ha escrito mucho acerca de los beneficios de una alimentación antiinflamatoria, de las bondades de eliminar los azúcares y cereales refinados, de aprender a comer diferente, reintroduciendo en nuestras mesas las hortalizas y verduras que nuestros abuelos comían en todas las cenas y comidas, desayunos y meriendas. Muchos de estos beneficios pasan por incorporar más vegetales crudos en nuestra dieta, y si aprendemos a realizar postres con esta filosofía raw, rebajaremos algunas de las desventajas que nos supone comer los postres tradicionales: su alto contenido en calorías, el aporte de alimentos acidificantes, las grasas poco saludables.

No se trata de comer postres todos los días. Se trata de encontrar versiones saludables de postres para aquel día especial, celebración de guardar o deseo de proporcionarnos una alegría gastronómica. Porque otra forma de concebir los postres es posible. En *Postres crudiveganos* encontraremos un catálogo de propuestas para preparar postres sin gluten, veganos y ricos al paladar. Postres con cabeza, que nos lleven a un festín de los sentidos, pero también a un bienestar del cuerpo. Porque buscamos placer, pero no a cualquier precio. Si comer bien es una filosofía de vida, ¿por qué no aplicarla también en todas sus facetas culinarias incluyendo las festivas?

Y si bien es cierto que los postres contienen grasas, hagamos que estas sean grasas saludables, que provengan del aguacate, de los frutos secos. Aprendamos a volver a degustar el sabor dulce de la fruta, a delectarnos con los sabores auténticos de la naturaleza: semillas, bayas, frutas, superalimentos. Volvamos a introducir los ingredientes menos procesados y más 'raw' posibles: cargados de vitaminas y minerales, listos para degustar, habiéndolos limpiado con atención y cuidado bajo el grifo de agua de nuestra cocina, combinándolos con otros alimentos, en una suerte de alquimia deliciosa.

Enseñémosles a nuestros hijos que la salud empieza por la conciencia, por el amor que ponemos cuando nosotros mismos preparamos nuestras comidas y postres. Que importa tanto el proceso como el resultado, y que cocinar y compartir es todavía más divertido aún.

Porque en el camino de la vida no se trata de que renunciemos a las cosas, sino que reorientemos, reinventemos y adaptemos aquello que es mejorable. Y puede que nos sorprendamos (a nosotros mismos y a los demás). Pero tal como decía Baudelaire «La invención, la sorpresa, es la principal característica de la obra de arte».

Introducción

Acerca de mí

¿Quién ha escrito todo esto? ¿Quién ha hecho todas estas fotos? ¿Y todos estos postres? ¡Pues he sido yo! Me llamo Emily von Euw. Encantada de conocerte. Me gusta crear, fotografiar y compartir recetas crudiveganas con todo el mundo a través de mi blog This Rawsome Vegan Life, donde también plasmo mis ideas y pensamientos personales sobre mis experiencias y mi estilo de vida. Parece ser que a la gente le interesa lo que puedo ofrecer y por eso estás leyendo este libro. *Voilà*.

En mi opinión, para ser feliz hay que tener salud, requisito básico para una vida larga y enriquecedora. ¿Cómo puedes disfrutar de lo que sea al máximo si no sientes que estás funcionando de forma óptima? Por eso, en el fondo, mi misión es sembrar felicidad a través de una alimentación saludable. También soy vegana porque siento que nuestra vida es más plena cuando generamos la máxima felicidad posible, al tiempo que minimizamos el sufrimiento ajeno. No obstante, entiendo que cada persona es diferente y cada uno debe seguir su propio camino, por lo que no juzgo a las personas por lo que comen. La mejor dieta es la que te hace sentirte más feliz y más fuerte. En mi caso, esto es así con una dieta vegana, predominantemente cruda.

¿Por qué crudivegana?

En incontables estudios, y a través de experiencias personales, se ha demostrado que una dieta basada en vegetales y alimentos sin procesar resulta excelente para gozar de salud a largo plazo, además de ser la mejor elección como estilo de vida para el planeta y, sin duda, para nuestros amigos los animales. Recomiendo la lectura de *El estudio de China*, *Mad Cowboy* y *The Food Revolution* para ampliar información al respecto. En muchos casos, al cocinar y refinar los alimentos, puede destruirse buena parte de los nutrientes vitales que necesitamos para desarrollarnos sanos. Las frutas, las verduras, los frutos secos y las semillas suelen resultar más nutritivas en su estado crudo sin procesar. Así retienen la mayoría de las vitaminas, los minerales, las enzimas y los fitonutrientes, sustancias todas ellas clave para un bienestar sostenible y una larga y feliz vida. Numerosas pruebas demuestran que seguir una dieta vegana predominantemente cruda a base de alimentos sin procesar es la forma óptima de alimentarse para la mayoría de las personas, aunque yo creo que la mejor forma de decidir qué tipo de dieta es la mejor para cada persona consiste en experimentar y descubrir qué es lo que le hace a uno más feliz. Yo me siento mejor (y más feliz) cuando como así.

Aspectos básicos del crudiveganismo

Pues eso, son aspectos básicos. Ahora en serio, la verdad es que no hay muchos pormenores que haya que conocer para preparar platos crudiveganos. Tras leer este apartado, en esencia sabrás todo lo necesario. Así que vamos allá con las explicaciones.

¿Qué ingredientes se utilizan para preparar postres crudiveganos? Frutos secos, semillas, frutas, coco, cacao y otros superalimentos. ¿Qué no llevan? Lácteos, azúcar refinada, harina procesada, huevos, gluten y otras porquerías que nuestro organismo no necesita. Una cosa que me encanta de esta forma de comer es que todo resulta más fácil y más rápido. No hace falta cocinar, y por tanto tampoco hay mucho que fregar. Para las recetas de este libro ni siquiera tendrás que acordarte de precalentar el horno, ni te atormentará la idea de tener que fregar luego la bandeja del horno. ¿Tienes miedo de que no te salgan las recetas? ¡No te preocupes! Todas son supersencillas. Si sabes poner en marcha y parar una picadora, un procesador de alimentos o una batidora, y verter los ingredientes con cierta uniformidad en los moldes, no tienes nada que temer.

Verás que en muchas de las recetas incluyo frutos secos crudos. No especifico si deben haber estado en remojo, pero lo recomiendo. Poner los frutos secos en remojo en agua unas tres horas, y aclararlos bien después, potencia su sabor y facilita que nuestro organismo absorba más nutrientes. Además, así las recetas resultan más cremosas, que a menudo es lo que buscamos. Una manera de ahorrar tiempo consiste en comprar una buena cantidad de frutos secos, ponerlos todos en remojo, aclararlos y luego congelarlos. Yo siempre guardo los frutos secos y las semillas en el congelador.

Todas las recetas de postres crudiveganos de este libro siguen un patrón similar: sus principales ingredientes son fruta fresca, fruta seca, frutos secos, semillas, coco y a veces avena o trigo sarraceno. Parece que estoy describiendo una barrita de cereales, ¿no? Pues espero que, cuando empieces a hojear el libro, descubras que estos ingredientes tan simples, saludables y nutritivos pueden transformarse en impresionantes postres pecaminosamente deliciosos de los que todo el mundo querrá repetir. Tengo la firme convicción de que comer sano no tiene que significar renunciar a sabores espectaculares y algún que otro capricho. Tienes que poderte comer un trozo de pastel sin un solo pensamiento negativo sobre tu línea. Como me gusta decir, estas recetas te permiten darte un gusto, sin ningún sentimiento de culpa.

Antes de lanzarte a las recetas que siguen a continuación, te recomiendo que consultes el capítulo de Recursos al final de libro (página 212), con información general sobre ingredientes, equipo y opciones alternativas. ¡El conocimiento es poder!

Y con esto doy por finalizada la introducción. ¡Pasemos a la parte divertida! ¡Que empiece la fiesta!

capítulo 1

Pasteles y cupcakes

A TODO EL MUNDO LE ENCANTAN LOS PASTELES. Son un símbolo de celebración feliz, de ocasión especial, aunque para mí lo importante es la felicidad de compartir algo dulce hecho con cariño para las personas que más quieres. Los pasteles y los cupcakes son, sin duda, el postre crudivegano que más me gusta preparar, porque siempre suscitan ¡ohs! y ¡ahs!, tanto de mis lectores como de las personas con las que los comparto. Tienen algo que hace que la gente salte de alegría al instante. Al instante.

Cuando hago cupcakes o un pastel (es decir con insólita frecuencia), el cariño es siempre el principal ingrediente y me esmero al máximo en la preparación y la decoración. Puede parecer cursi, pero de verdad pienso que esa atención especial hace que la receta salga más buena. Mis pasteles y cupcakes suelen desaparecer en dos o tres días, y no, no es porque me los zampe yo sola, aunque probablemente podría hacerlo.

Los pasteles y cupcakes de este capítulo son perfectos para cualquier ocasión especial. Si quieres impresionar, con ellos tendrás el éxito asegurado. Y no hace falta ser un profesional del horno para triunfar con estas recetas, pues no requieren horneado. No tienes que preocuparte por si se te quema el pastel, ni por mezclar el glaseado más de la cuenta ni por si se te desmorona todo en el último instante. En la mayoría de las recetas tan solo hay que mezclar los ingredientes, extender la masa uniformemente en un molde desmontable y refrigerarlo toda la noche. ¡Así de fácil! Yo tengo un molde ajustable, pero un molde de 23 cm de diámetro servirá en general para las recetas de pasteles. De todos modos, independientemente del diámetro del molde, el resultado estará delicioso, no te preocupes. La mayoría de estos pasteles y cupcakes aguantan varios días. De hecho, en muchos casos están mejor el día siguiente de prepararlos, pues así los sabores han tenido tiempo de desarrollarse.

Pastel cremoso de vainilla, café y anacardo con base de chocolate y canela

Triunfo garantizado de la forma más saludable posible.

> Para 1 pastel de 10 raciones

CREMA DE VAINILLA, CAFÉ Y ANACARDO

290 g (2 tazas) de anacardos crudos

Las semillas de 1 vaina de vainilla

45 ml (3 cucharadas) de aceite de coco derretido

85 g (¼ de taza) de jarabe de arce puro

⅛ de cucharadita de sal

80 ml (⅓ de taza) de café fuerte ya hecho

BASE DE CHOCOLATE Y CANELA

100 g (1 taza) de pacanas crudas

175 g (1 taza) de dátiles sin hueso

15 g (2 cucharadas) de cacao crudo en polvo

⅛ de cucharadita de sal

¼ de cucharadita de canela molida

SIROPE DE CARAMELO SALADO

90 g (½ taza) de dátiles sin hueso, en remojo en agua o café durante 30 minutos

½ cucharadita de sal

15 g (1 cucharada) de cualquier crema de frutos secos crudos (opcional)

DECORACIÓN

Granos de café

Bayas de goji

Semillas de calabaza crudas

PARA ELABORAR LA CREMA: Tritura todos los ingredientes juntos hasta obtener una mezcla suave y homogénea. Resérvala.

PARA ELABORAR LA BASE: Tritura los anacardos en la picadora hasta obtener una harina gruesa. Añade los demás ingredientes y tritúralo todo junto hasta que adquiera una textura compacta. Extiende y presiona la mezcla en la base de un molde desmontable pequeño (el mío mide 11,5 cm de diámetro) forrado con papel vegetal. Vierte la crema por encima y deja que se solidifique en el frigorífico o el congelador.

PARA PREPARAR EL SIROPE DE CARAMELO: Tritura los dátiles junto con el líquido de remojo, la sal y la crema de frutos secos (si decides usar) hasta obtener una mezcla homogénea y bastante líquida. Si queda demasiado espesa, añade más agua; si queda demasiado clara, añade más dátiles. Riega el pastel con el sirope de caramelo y termina de decorarlo con granos de café, bayas de goji y semillas de calabaza. Aunque no resulte fácil, lo mejor es esperar al día siguiente para comer este pastel, y así dejar que los sabores terminen de fusionarse. La espera merecerá la pena.

Cupcakes supersexis de cacao y anacardo

Son grandes, e irresistibles. Se diferencian de la receta de vasitos de chocolate con crema de frutos secos (página 98) en que no llevan solo chocolate crudo y crema de frutos secos; en este caso, la base de chocolate contiene el relleno de anacardo, con una crema de chocolate adicional por encima. Tú decides cuál prefieres (si es que puedes elegir). Como siempre, utiliza la crema de frutos secos que más te guste; yo simplemente me decanté por la de anacardo el día que hice estos cupcakes.

> Para 4 cupcakes muy grandes

BASE

145 g (1 taza) de almendras crudas

175 g (1 taza) de dátiles sin hueso

7 g (1 cucharada) de cacao crudo en polvo

RELLENO

65 g (4 cucharadas) de crema de anacardos crudos

CREMA DE CHOCOLATE

22 ml (1 ½ cucharadas) de aceite de coco derretido

22 g (1 ½ cucharadas) de cacao crudo en polvo

30 g (1 ½ cucharadas) de sirope de agave

PARA ELABORAR LA BASE: Tritura las almendras en la picadora hasta obtener una harina. Añade los dátiles y el cacao, y tritúralo todo junto hasta que empiece a adquirir una textura compacta. Extiende y presiona la mezcla contra la base y las paredes de cuatro moldes para cupcakes, y refrigéralos.

PARA ELABORAR LA CREMA DE CHOCOLATE: Mezcla todos los ingredientes hasta obtener una crema homogénea. Dispón una cucharada de crema de anacardo en cada base y, a continuación, un poco de crema de chocolate. Refrigera los cupcakes 1 hora más. ¡Y ya estarán listos para devorarlos!

Pastel cremoso de trigo sarraceno y cerezas

La primera vez que hice esta receta la capa blanca quedó demasiado fina, por lo que decidí engrosarla con un poco de harina de avena. Pero resulta que no tenía en casa, así que utilicé harina de trigo sarraceno, y descubrí que me gustaba más con esta nueva incorporación. Hubiera podido dar cualquier otro nombre a esta receta, pero creo que el trigo sarraceno merece cierto reconocimiento. Es un superalimento con un sabor característico especial. Nota: La base es opcional, pero aporta una textura diferente interesante (si quieres reducir la cantidad de frutos secos, sustituye las almendras por avena o trigo sarraceno).

> Para 1 pastel de 9 a 12 raciones

BASE

145 g (1 taza) de almendras crudas

263 g (1 ½ tazas) de dátiles sin hueso

Una pizca de sal (opcional)

CAPA DE TRIGO SARRACENO

290 g (2 tazas) de anacardos crudos

120 g (1 taza) de harina de trigo sarraceno

235 ml (1 taza) de leche de coco, o la cantidad necesaria

610 ml (¼ de taza) de aceite de coco derretido

85 g (¼ de taza) del endulzante líquido que prefieras

CAPA DE CEREZAS

765 g (3 tazas) de cerezas congeladas

60 ml (¼ de taza) de aceite de coco

175 g (1 taza) de dátiles sin hueso

177 ml (¾ de taza) de leche de coco, o la cantidad necesaria

PARA ELABORAR LA BASE: Tritura las almendras en la picadora hasta obtener una harina. Añade los dátiles y la sal (si decides usar), y tritúralo todo junto hasta que adquiera una textura compacta. Extiende y presiona la mezcla en la base de un molde desmontable forrado con papel vegetal y mételo en el frigorífico.

PARA ELABORAR LA CAPA DE TRIGO SARRACENO: Tritura todos los ingredientes juntos hasta obtener una mezcla muy suave y espesa, con la mínima cantidad posible de leche de coco. Extiende la mezcla de trigo sarraceno sobre la base.

PARA ELABORAR LA CAPA DE CEREZAS: Tritura todos los ingredientes juntos. Vierte la mezcla de cerezas sobre la capa de trigo sarraceno. Refrigera o congela el pastel toda la noche, hasta que se solidifique.

Pastel de mousse napolitana

Esta receta es de lo más sencilla. Si tienes una batidora o una picadora, no necesitas nada más que un dedo para poner en marcha y parar el electrodoméstico. Mi padre decía que este pastel parecía un cupcake gigante, y a mí no me parece que eso sea nada malo. Es un pastel muy femenino, con cierto aire de cuento de hadas, por lo que seguro que te convertirás en la reina de la fiesta si lo sirves en una cena de chicas o alguna celebración por el estilo.

> Para 1 pastel de 8 raciones

CAPA DE CHOCOLATE

1 aguacate maduro, pelado y sin hueso

175 g (1 taza) de dátiles sin hueso

7 g (1 cucharada) de cacao crudo en polvo

1 cucharadita de extracto de vainilla

CAPA DE VAINILLA

110 g (¾ de taza) de anacardos crudos

40 g (2 cucharadas) de jarabe de arce puro

15 ml (1 cucharada) de aceite de coco derretido

30 ml (2 cucharadas) de agua, o la cantidad necesaria

CAPA DE FRESA

83 g (½ taza) de almendras crudas

1 cucharadita de extracto de vainilla

145 g (1 taza) de fresas frescas sin el rabito

20 g (1 cucharada) de jarabe de arce puro (opcional)

DECORACIÓN (OPCIONAL)

Almendras crudas troceadas

Nibs de cacao crudo

Bayas de goji

Forra un molde desmontable pequeño (el mío mide 11,5 cm de diámetro) con papel vegetal y resérvalo. Para cada capa, simplemente tritura juntos los ingredientes de cada lista hasta obtener una mezcla homogénea y espesa. Extiende las distintas capas uniformemente en el molde, en el orden que prefieras. Refrigera el pastel toda la noche. Si quieres, puedes decorarlo con almendras troceadas, nibs de cacao y bayas de goji por encima.

Pastel helado de chocolate y crema de cacahuete

Esta delicia es una versión crudivegana de la chocolatina con crema de cacahuete Reese's, muy popular en Estados Unidos. La untuosidad de la crema de cacahuete en combinación con el chocolate es insuperable. Disfruta de este capricho sin ningún remordimiento. Desde mi punto de vista, esta receta es perfecta para cualquier ocasión, sin excepción. A quienquiera que le des un trozo te adorará para siempre, y no se me ocurre ninguna situación en la que eso pueda ser algo malo. Ponte manos a la obra. Puedes usar la crema de frutos secos que prefieras.

> Para 1 pastel de 8 raciones

PASTEL

290 g (2 tazas) de anacardos crudos

1 plátano

30 g (¼ de taza) de cacao crudo en polvo

50 g (2 ½ cucharadas) de jarabe de arce puro (opcional)

175 g (1 taza) de dátiles sin hueso

118 ml (½ taza) de agua, o la cantidad necesaria

1 cucharadita de extracto de vainilla

60 ml (¼ de taza) de aceite de coco derretido

COBERTURA Y DECORACIÓN

45 ml (3 cucharadas) de chocolate crudo líquido (página 209)

48 g (3 cucharadas) de crema de cacahuetes crudos

3 vasitos de chocolate con crema de cacahuete grandes (página 98)

8 vasitos de chocolate con crema de cacahuete pequeños (página 98)

PARA ELABORAR EL PASTEL: Tritura todos los ingredientes juntos hasta obtener una mezcla homogénea muy espesa, con la mínima cantidad posible de agua. Extiéndela uniformemente en un molde desmontable. Añade por encima el chocolate líquido y la crema de cacahuete en forma de remolino. Congélalo toda la noche o, si prefieres una textura más blanda, puedes refrigerarlo. Al día siguiente, decora el pastel con los vasitos de chocolate con crema de cacahuete, sírvelo ¡y a disfrutar!

Pastel Selva Negra

Esta receta es un tributo a mis orígenes alemanes. Asegúrate de dejar cuajar el glaseado en el frigorífico antes de usarlo si no quieres verte en apuros. Asimismo, te recomiendo comprar una tableta de chocolate crudo, o simplemente usar chocolate negro para las virutas, ya que la versión casera seguramente resultará demasiado blanda. Puedes sustituir las cerezas por otras frutas del bosque.

> Para 1 pastel de unas 4 raciones

PASTEL

100 g (1 taza) de pacanas crudas
263 g (1 ½ tazas) de dátiles sin hueso
7 g (1 cucharada) de cacao crudo en polvo
½ cucharadita de extracto de vainilla
Una pizca de sal

GLASEADO

255 g (1 ¾ tazas) de anacardos crudos
80 ml (⅓ de taza) de leche de coco
60 ml (¼ de taza) de aceite de coco
85 g (¼ de taza) del endulzante líquido que prefieras

DECORACIÓN

Un puñado de cerezas
Virutas de chocolate crudo/negro

PARA ELABORAR EL PASTEL: Tritura las pacanas en la picadora hasta obtener una harina. Añade los demás ingredientes y tritúralo todo junto hasta que empiece a adquirir una textura de masa compacta. Extiéndela y presiónala en los moldes cortapastas más grandes que tengas para formar las capas del pastel. A mí me salieron dos. Refrigéralas para que adquieran consistencia.

PARA ELABORAR EL GLASEADO: Tritura todos los ingredientes juntos hasta obtener una mezcla homogénea bastante espesa. Espesará más al refrigerarla, así que refrigérala 1 o 2 horas. Cuando el glaseado tenga la consistencia suficiente para trabajar con él, extiende un poco sobre la primera capa del pastel de forma uniforme. Coloca encima la segunda capa y repite la operación. Si solo tienes dos capas de pastel, cubre también los laterales con glaseado. Si tienes más, sigue añadiendo capas hasta acabarlas y luego cubre los laterales con glaseado.

Refrigera el pastel toda la noche. O puedes comértelo al momento, si eres incapaz de esperar. Antes de servirlo, decóralo con cerezas y virutas de chocolate. ¡Espectacular!

Pastel de queso de vainilla y chocolate con crema de cacahuete

Una de las mejores cosas que jamás me he llevado a la boca.

> Para 1 pastel de 8 a 10 raciones

BASE

90 g (1 taza) de avena

175 g (1 taza) de dátiles sin hueso

PASTEL DE QUESO

2 plátanos

60 ml (¼ de taza) de aceite de coco derretido

190 g (2 tazas) de anacardos crudos

263 g (1 ½ tazas) de dátiles sin hueso

85 g (¼ de taza) del endulzante líquido que prefieras (opcional)

Las semillas de 1 vaina de vainilla

Agua

30 g (¼ de taza) de cacao crudo o algarroba en polvo

DECORACIÓN

48 g (3 cucharadas) de crema de cacahuetes crudos

18 g (3 cucharadas) de chocolate crudo (página 209)

PARA ELABORAR LA BASE: Tritura la avena en la picadora hasta obtener una harina. Añade los dátiles y tritúralo todo hasta que adquiera una textura compacta. Extiende y presiona la mezcla en la base de un molde desmontable, y mételo en el frigorífico.

PARA ELABORAR EL PASTEL DE QUESO: Tritura todos los ingredientes juntos, excepto el cacao en polvo, hasta obtener una mezcla muy suave, con la mínima cantidad posible de agua, para conseguir un resultado cremoso. Si prefieres no añadir agua, usa algún endulzante líquido u otro plátano. Esta será la capa de vainilla. Pasa la mitad de la masa a un bol. Para elaborar la capa de chocolate, añade el cacao en polvo a la mitad de la masa que aún está en la batidora y tritúralo todo junto hasta incorporarlo bien. Ahora extiende capas alternas de vainilla y de chocolate sobre la base. Congela el pastel toda la noche. Al día siguiente, decóralo con crema de cacahuete y chocolate por encima. ¡Que aproveche!

Pastel cremoso de plátano y fresa con menta

Este pastel es muy fácil de hacer y no requiere mucho tiempo, congelación aparte. Puede parecer un poco soso por fuera —si no lo decoras con frutas del bosque, menta y chocolate—, pero al cortarlo deja al descubierto una espectacular explosión rosa, mi color favorito. Si por lo que sea le tienes manía al rosa, sustituye las fresas por arándanos negros y problema resuelto.

> Para 1 pastel de 8 raciones

RELLENO ROSA

3 plátanos

510 g (2 tazas) de fresas congeladas (u otras frutas del bosque)

De 15 a 45 ml (de 1 a 3 cucharadas) de aceite de coco

CAPA DE CREMA

290 g (2 tazas) de anacardos crudos

350 g (2 tazas) de dátiles sin hueso

1 naranja, pelada y sin pepitas

30 ml (2 cucharadas) de aceite de coco derretido

Agua

Menta, para decorar

PARA ELABORAR EL RELLENO ROSA: Pon en la batidora los plátanos y luego las fresas congeladas. Tritúralo todo junto con el aceite de coco hasta obtener una mezcla suave y homogénea. Extiéndela uniformemente en un molde desmontable (algo más pequeño que el segundo molde que necesitarás). Yo tengo un molde ajustable y simplemente lo hago más pequeño para el relleno y luego lo ensancho un poco para la segunda parte. Si no tienes ninguna de estas opciones, no te preocupes: haz el pastel con la capa inferior rosa y luego simplemente añades la capa de crema encima. Congela el relleno rosa hasta que se solidifique, unas 3 horas.

PARA ELABORAR LA CAPA DE CREMA: Tritura todos los ingredientes juntos hasta obtener una mezcla suave y homogénea, con la mínima cantidad posible de agua. Cuanta menos agua añadas, más cremosa quedará la mezcla. Y si no necesitas añadir nada de agua, mejor. Ahora toma un molde desmontable de mayor diámetro que el primero, coloca dentro el relleno rosa congelado y extiende la capa de crema alrededor y por encima. También puedes utilizar el mismo molde y simplemente extender la crema por encima. Congela el pastel hasta que se solidifique, unas 3 horas o toda la noche. Decóralo con menta y córtalo en bonitas porciones a la hora de servirlo. Para conservarlo, mételo en el congelador.

Pastel de queso de coco sin frutos secos

La verdad es que prefiero esta receta a otras recetas de pastel de queso crudivegano a base de frutos secos. Resulta verdaderamente cremoso y el coco es irresistible. Este pastel de queso no deja nada que desear... excepto quizá una segunda porción. Puedes servirlo acompañado de fruta. Y puedes hacer la receta con el doble o el triple de cantidades para preparar un pastel más grande.

> Para 1 pastel pequeño de 5 a 7 raciones

BASE

45 g (½ taza) de avena u 85 g (½ taza) de trigo sarraceno

88 g (½ taza) de dátiles sin hueso

PASTEL DE QUESO

60 g (¾ de taza) de pulpa de coco verde fresco

60 ml (¼ de taza) de aceite de coco derretido

50 g (2 ½ cucharadas) del endulzante líquido que prefieras, o al gusto

30 g (⅓ de taza) de coco rallado sin endulzar

El zumo de 1 limón

PARA ELABORAR LA BASE: Tritura la avena en la picadora hasta obtener una harina. Añade los dátiles y tritúralo todo junto hasta que empiece a adquirir una textura compacta. Extiende y presiona la mezcla en la base de un molde desmontable pequeño (el mío mide 11,5 cm de diámetro).

PARA ELABORAR EL PASTEL DE QUESO: Tritura todos los ingredientes juntos hasta obtener una mezcla suave y homogénea. Viértela sobre la base y refrigera el pastel toda la noche, para que cuaje y se desarrollen los sabores. Al día siguiente estará solidificado y listo para hincarle el diente.

Pastel de queso de chocolate con sirope de chocolate y guindilla

Este exquisito pastel es un auténtico lujo. El presupuesto puede dispararse un poco, pero ¿quién necesita dinero cuando tienes un pastel de chocolate crudo? ¡Vamos, hay prioridades! En caso de que no tengas muchos comensales y prefieras algo más comedido, puedes dividir las cantidades por la mitad.

> Para 1 pastel de 10 a 12 raciones

BASE

90 g (1 taza) de avena

175 g (1 taza) de dátiles sin hueso

PASTEL DE QUESO

175 g (1 taza) de dátiles sin hueso

290 g (2 tazas) de anacardos crudos

160 g (2 tazas) de pulpa de coco verde fresco

235 ml (1 taza) de agua de coco

235 ml (1 taza) de aceite de coco derretido

85 g (¼ de taza) del endulzante líquido que prefieras

40 g (⅓ de taza) de cacao crudo en polvo

1 cucharadita de extracto de vainilla

1 cucharadita de guindilla molida, o al gusto

SIROPE

20 g (1 cucharada) del endulzante líquido que prefieras

7 g (1 cucharada) de cacao crudo en polvo

30 ml (2 cucharadas) de aceite de coco derretido o manteca de cacao crudo derretida

Guindilla molida

Una pizca de sal (opcional)

PARA ELABORAR LA BASE: Tritura la avena en la picadora hasta obtener una harina. Añade los dátiles y tritúralo todo junto hasta que adquiera una textura compacta. Extiende y presiona la mezcla en la base de un molde desmontable forrado con papel vegetal y mételo en el frigorífico hasta que vayas a añadir la siguiente capa.

PARA ELABORAR EL PASTEL DE QUESO: Tritura todos los ingredientes juntos hasta obtener una mezcla suave y homogénea. Es una mezcla muy espesa, por lo que si la batidora necesita un respiro, dáselo. Cuando la textura y el sabor estén a tu gusto, extiende la mezcla sobre la base y refrigera el pastel 48 horas para que se desarrollen los sabores y adquiera la consistencia adecuada.

Prepara el sirope justo antes de servir el pastel. Mezcla todos los ingredientes juntos hasta obtener una mezcla suave y homogénea, añadiendo guindilla en polvo al gusto. A la hora de servir el pastel, corta las porciones y riégalas con el sirope.

Minimousse de remolacha con crema de anacardo dulce y anacardos especiados

Si te gusta la remolacha, te encantará esta receta. El fresco aroma a tierra de este tubérculo combina de maravilla con la crema de anacardo dulce. El toque final de los frutos secos especiados añade una textura de contraste y un componente de sabor cálido. Sirve este delicioso postre acompañado con helado de coco en cualquier época del año.

> Para 2 torres, 4 raciones

MOUSSE RED VELVET

1 remolacha, pelada y cortada en rodajas finas con una mandolina

60 g (⅓ de taza) de dátiles sin hueso

32 g (⅓ de taza) de harina de almendra

15 ml (1 cucharada) de aceite de coco (opcional)

CREMA DE ANACARDO

73 g (½ taza) de anacardos crudos

El zumo de 1 limón

45 g (¼ de taza) de dátiles sin hueso, o 20 g (1 cucharada) de jarabe de arce puro

15 ml (1 cucharada) de aceite de coco

40 ml (2 ½ cucharadas) de agua, o la cantidad necesaria

ANACARDOS ESPECIADOS

18 g (2 cucharadas) de anacardos crudos picados

1 cucharadita de jarabe de arce puro

⅛ de cucharadita de canela molida

⅛ de cucharadita de clavo molido

⅛ de cucharadita de nuez moscada molida

PARA ELABORAR LA MOUSSE: Reserva cuatro rodajas de remolacha. Tritura la remolacha restante con los dátiles y la harina hasta obtener una mezcla homogénea y espesa (similar a un pudin). Si no queda lo suficientemente espesa, añade más dátiles o harina.

PARA ELABORAR LA CREMA DE ANACARDO: Tritura todos los ingredientes juntos hasta obtener una mezcla homogénea y espesa, añadiendo agua según sea necesario.

PARA PREPARAR LOS ANACARDOS ESPECIADOS: Mezcla el jarabe de arce y las especias con los anacardos picados hasta que queden recubiertos de forma uniforme. Colócalos en un deshidratador y déjalos varias horas, hasta que estén crujientes.

MONTAJE: Recorta las rodajas de remolacha reservadas con un cortapastas (de unos 7 u 8 cm de diámetro, de una sencilla forma circular). Así encajarán a la perfección en el molde. Ahora coloca el molde cortapastas sobre papel vegetal y forra el interior también con papel vegetal, asegurándote de que quede lo suficientemente alto para formar la torre (de 5 a 7,5 cm). Dispón en el molde una capa de mousse, crema de anacardo, una rodaja de remolacha, más crema de anacardo, otra rodaja de remolacha, más crema de anacardo y, para acabar, una última capa de mousse. Deberías tener suficiente para montar dos torres. Refrigéralas o congélalas unas horas, para que adquieran consistencia. Sírvelas con los anacardos especiados por encima.

Pastel arcoíris de fruta con nata de coco y plátano

Este pastel es espectacular. De forma natural nos atraen los colores brillantes, algo que quería reflejar en esta receta a través de fruta fresca de colores vivos. Básicamente se trata de una pila de fruta envuelta en nata de coco y plátano. ¡Una delicia! Como en su mayor parte es fruta fresca, el pastel debe consumirse en pocos días.

> Para 1 pastel de 5 a 10 raciones

NATA DE COCO Y PLÁTANO

2 plátanos

473 ml (2 tazas) de nata de coco (página 207)

63 g (¼ de taza) de azúcar sin refinar

CAPAS DE FRUTA

290 g (2 tazas) de arándanos negros

355 g (2 tazas) de kiwi, pelado y cortado en rodajas (de aproximadamente 1 cm de grosor)

330 g (2 tazas) de mango, pelado, sin hueso y cortado en rodajas (de aproximadamente 1 cm de grosor)

340 g (2 tazas) de fresas, sin el rabito y cortadas en rodajas (de aproximadamente 1 cm de grosor)

Frutas del bosque adicionales, para decorar

Hojas de menta fresca, para decorar

PARA ELABORAR LA NATA: Tritura los plátanos hasta obtener un puré fino. Ponlo en un bol junto con la nata de coco y el azúcar, y monta la nata hasta que se formen picos firmes o tenga el espesor suficiente para usarla como glaseado.

MONTAJE: En un molde desmontable, dispón los arándanos en una capa. Extiende por encima una capa de nata lo más fina posible. Repite la operación con las demás frutas, en el mismo orden de la lista de ingredientes. Retira el molde y, con cuidado, recubre los laterales del pastel con nata. Decóralo con frutas del bosque y hojas de menta. Refrigéralo unas horas para que adquiera consistencia y así poder disfrutarlo en todo su esplendor.

Cupcakes «s'mores»

Inspirada en las típicas golosinas de los *boy scouts* de Estados Unidos y Canadá a base de galletas integrales, chocolate y nubes, esta receta hará las delicias de pequeños y mayores alrededor de una hoguera o en cualquier otra ocasión. Y con unos valores nutricionales infinitamente mejores que la gelatinosa versión original, cargadita de jarabe de maíz.

> Para 4 cupcakes grandes

BASE

90 g (1 taza) de avena

175 g (1 taza) de dátiles sin hueso

Una pizca de extracto de vainilla

Una pizca de canela molida

CHOCOLATE

23 g (3 cucharadas) de cacao crudo en polvo

45 ml (3 cucharadas) de aceite de coco derretido

40 g (2 cucharadas) del endulzante líquido que prefieras

CAPA DE NUBES

145 g (1 taza) de anacardos crudos

60 ml (¼ de taza) de leche de coco

60 ml (¼ de taza) de aceite de coco

40 g (2 cucharadas) del endulzante líquido que prefieras

PARA ELABORAR LA BASE: Tritura la avena en la picadora hasta obtener una harina. Añade los demás ingredientes y tritúralo todo junto hasta que adquiera una textura compacta. Extiende y presiona la mezcla contra la base y las paredes de moldes para cupcakes y mételos en el frigorífico.

PARA ELABORAR EL CHOCOLATE: Mezcla todos los ingredientes juntos hasta obtener una mezcla homogénea. Echa un poco en cada base.

PARA ELABORAR LA CAPA DE NUBES: Tritura todos los ingredientes juntos hasta obtener una mezcla homogénea y espesa. Extiéndela por encima del chocolate y refrigera los cupcakes otro par de horas.

Volcanes de chocolate con bayas de goji

Esta receta sigue siendo una de las favoritas de mi blog, lo cual no me sorprende, la verdad sea dicha. ¿Acaso hay alguien capaz de resistirse a esta deliciosa tentación de chocolate?

> Para unos 4 volcanes grandes

VOLCÁN

30 g (⅓ de taza) de avena
80 ml (⅓ de taza) de nueces crudas
60 ml (¼ de taza) de cacao crudo en polvo
175 g (⅓ de taza) de dátiles sin hueso
60 g (⅓ de taza) de uvas pasas

CENTRO DE LAVA

80 ml (⅓ de taza) de manteca de cacao crudo derretida
115 g (⅓ de taza) de jarabe de arce puro
60 g (⅓ de taza) de dátiles sin hueso
40 g (⅓ de taza) de cacao crudo en polvo
¼ de cucharadita de canela molida
¼ de cucharadita de sal marina del Himalaya
¼ de cucharadita de guindilla molida
Leche vegana

Nibs de cacao crudo, para decorar
Bayas de goji, para decorar

PARA ELABORAR LOS VOLCANES: Tritura la avena con las nueces y el cacao en polvo en la picadora hasta obtener una harina gruesa. Añade los dátiles y las uvas pasas, y tritúralo todo junto hasta que la mezcla empiece a adquirir una textura compacta. Usando unas dos terceras partes de la mezcla (tienes que reservar un poco para las cubiertas), extiéndela y presiónala contra la base y las paredes de moldes para cupcakes forrados con papel vegetal y refrigéralos. Haz las cubiertas con la mezcla restante. Para ello, extiende y presiona la mezcla en cortapastas del mismo diámetro que los moldes para cupcakes. Refrigera también las cubiertas.

PARA ELABORAR EL CENTRO DE LAVA: Tritura todos los ingredientes juntos hasta obtener una mezcla suave y homogénea, añadiendo la leche según sea necesario para conseguir una textura cremosa con consistencia de lava fundida (captas la idea, ¿no?). Desmolda los volcanes de los moldes para cupcakes y rellénalos con esta mezcla, casi hasta arriba. Ahora coloca con cuidado las cubiertas en los volcanes, apretando suavemente los bordes. Dales la vuelta y decóralos con nibs de cacao y bayas de goji.

ALGUNAS ALTERNATIVAS: Para hacer una receta sin gluten, sustituye la avena por trigo sarraceno. Si no quieres usar cacao, sustituye la manteca de cacao por aceite de coco y el cacao en polvo por algarroba.

Pastel helado rosa con cerezas

Me encanta este pastel, tanto su sabor como su aspecto. Es femenino, sencillo, dulce y delicioso.

> Para 1 pastel de 9 raciones

MOSAICO DE FRUTA

355 ml (1 ½ tazas) de nata de coco (página 207)

510 g (2 tazas) de cerezas congeladas

Las semillas de 1 vaina de vainilla

85 g (¼ de taza) de sirope de agave

CREMA

128 g (½ taza) de fresas congeladas

135 g (1 taza) de macadamias crudas

118 ml (½ taza) de leche de coco

88 g (½ taza) de dátiles sin hueso

PARA ELABORAR EL MOSAICO DE FRUTA: Tritura todos los ingredientes, excepto las cerezas, hasta obtener una mezcla suave y homogénea. Pásala a un bol e incorpora las cerezas. Resérvala.

PARA ELABORAR LA CREMA: Tritura todos los ingredientes hasta obtener una mezcla suave y homogénea. Extiéndela en un molde desmontable. Añade a continuación la mezcla de cerezas. Congela el pastel toda la noche.

Pastel de queso de vainilla sobre base de nueces con romero, menta y fruta fresca

Esta receta, deliciosamente sencilla, es un postre ideal para primavera o verano, porque puedes decorarlo con fruta fresca local de temporada. La primera vez que hice una versión crudivegana de lo que sería el pastel de queso apenas podía creer lo rico que estaba. Es un triunfo seguro que gustará a todo el mundo, sin efectos secundarios como pesadez o remordimientos. Yo aquí lo he decorado con frutas del bosque y hojas de menta, pero también quedaría genial con higos frescos y otras hierbas.

> Para 1 pastel de 8 a 10 raciones

BASE

120 g (1 taza) de nueces crudas

175 g (1 taza) de uvas pasas

PASTEL DE QUESO

290 g (2 tazas) de anacardos crudos

80 g (1 taza) de pulpa de coco verde fresco

118 ml (½ taza) de agua de coco, o la cantidad necesaria

60 ml (¼ de taza) de aceite de coco derretido

60 g (3 cucharadas) del endulzante líquido que prefieras

1 cucharadita de extracto de vainilla

El zumo de 1 limón

DECORACIÓN

1 ramita de romero fresco y/o menta, para decorar

Fruta de temporada

PARA ELABORAR LA BASE: Tritura las nueces con las uvas pasas en la picadora hasta que la mezcla empiece a adquirir una textura compacta. Extiéndela y presiónala en la base de un molde desmontable y mételo en el frigorífico.

PARA ELABORAR EL PASTEL DE QUESO: Tritura todos los ingredientes juntos hasta conseguir una mezcla cremosa muy espesa, con la mínima cantidad posible de agua de coco. Extiende la mezcla uniformemente sobre la base y refrigera el pastel uno o dos días para que adquiera la consistencia necesaria y se desarrollen los sabores. Decóralo con hierbas y frutas frescas. ¡Buen provecho!

Pastel helado de plátano, fresa y arándanos

Este pastel tenía tan buena pinta que no pude resistirme a probar un trozo antes de que se congelase del todo... ¡Pero es que solo se vive una vez!

> Para 1 pastel de 8 raciones

DECORACIÓN

10 fresas, sin el rabito y cortadas por la mitad

CAPA DE VAINILLA

290 g (2 tazas) de anacardos crudos

2 plátanos

175 g (1 taza) de dátiles sin hueso

60 ml (¼ de taza) de aceite de coco derretido

Las semillas de 1 vaina de vainilla

Leche vegana o agua de coco

CAPA DE FRUTAS DEL BOSQUE

155 g (1 taza) de arándanos negros congelados

255 g (1 taza) de fresas congeladas

235 ml (1 taza) de leche vegana o agua de coco, o la cantidad necesaria

175 g (1 taza) de dátiles sin hueso o 100 g (1 taza) de nueces crudas, u otro plátano

PARA ELABORAR LA CAPA DE VAINILLA: Dispón las mitades de fresa alrededor del borde de un molde desmontable y resérvalo. Tritura todos los ingredientes de la capa de vainilla juntos hasta obtener una mezcla suave y homogénea, con la mínima cantidad posible de leche vegana o agua de coco (yo usé unos 60 ml [¼ de taza]). Extiende la mezcla en la base del molde; así las fresas quedarán presionadas contra las paredes del molde. Mételo en el congelador.

PARA ELABORAR LA CAPA DE FRUTAS DEL BOSQUE: Tritura todos los ingredientes juntos hasta obtener una mezcla suave y homogénea. Extiéndela con cuidado sobre la capa de vainilla y mete el pastel en el congelador otras 2 o 3 horas, hasta que se solidifique. Luego ya podrás cortarlo y servirlo acompañado con otras frutas del bosque. Te recomiendo dejar que se ablande un poco antes de saborearlo, para que resulte más cremoso.

Triple pastel de chocolate con ganache de cacao y aguacate y crema de chocolate al jengibre

A diferencia de muchas otras recetas crudiveganas de pastel de chocolate que he visto, esta no está cargada de calóricos frutos secos: ¡un hurra por el trigo sarraceno! A mí me encanta agregar especias como guindilla o jengibre al chocolate, porque potencian su sabor natural y abren el apetito. Así se crea un exquisito equilibrio de amargo, especiado y dulce. Los mayas, que ya adoraban el cacao, acompañaban sus bebidas de chocolate con guindilla; le llamaban «el alimento de los dioses». Mmm... ¡esto hay que probarlo!

> Para 1 pastel de 2 a 4 raciones

PASTEL

170 g (1 taza) de trigo sarraceno

100 g (1 taza) de pacanas crudas

175 g (1 taza) de dátiles sin hueso

22 g (3 cucharadas) de algarroba en polvo

GANACHE

2 aguacates

30 ml (2 cucharadas) de aceite de coco derretido

40 g (2 cucharadas) del endulzante líquido que prefieras

15 g (2 cucharadas) de cacao crudo en polvo

¼ de cucharadita de guindilla molida

SALSA

23 g (3 cucharadas) de cacao crudo en polvo

45 ml (3 cucharadas) de aceite de coco derretido

60 g (3 cucharadas) del endulzante líquido que prefieras

¼ de cucharadita de jengibre en polvo

PARA ELABORAR EL PASTEL: Tritura el trigo sarraceno en la picadora hasta obtener una harina. Añade las pacanas y tritúralas bien. Agrega los dátiles y la algarroba, y tritúralo todo hasta que empiece a adquirir una textura compacta. Extiende y presiona un tercio de esta mezcla en la base de un molde rectangular hondo forrado con papel vegetal. Luego retira con cuidado el papel, de modo que la capa de pastel salga de una pieza. Resérvala. Repite la operación con la mitad de la mezcla restante. Ahora extiende y presiona el último tercio de la mezcla en la base del molde y déjalo ahí.

PARA ELABORAR EL GANACHE: Tritúralo todo en la picadora hasta obtener una mezcla suave y homogénea. Extiende dos terceras partes de esta mezcla sobre la capa de pastel que hay en la base del molde. Luego, con cuidado, coloca encima una de las capas de pastel reservadas. Repite la operación. Refrigera el pastel toda la noche para que adquiera consistencia. Si prefieres un pastel helado, mételo en el congelador (congelado también resulta más fácil de manipular).

PARA ELABORAR LA SALSA: Mezcla todos los ingredientes juntos hasta obtener una mezcla suave y homogénea. Saca el pastel del frigorífico o el congelador. Sepáralo de las paredes del molde con la ayuda de un cuchillo y vuélcalo. Si el pastel no cae por sí solo, da una buena sacudida al molde. Ahora corta el pastel en cuatro trozos y napa cada uno de ellos con la salsa. A mí me gusta apilar un trozo encima de otro, porque cuanto más pastel, mejor.

Pastel de nubes de coco y arándanos relleno de chocolate y aguacate

En una bonita imagen poética, las capas de nata de coco y arándanos de este pastel parecen vaporosas nubes rellenas de bayas. En el centro te encuentras con un bocado de pudin de chocolate y aguacate, que combina a las mil maravillas con el coco y las frutas del bosque. Otra receta ideal para una fiesta o sencillamente para impresionar hasta a los más escépticos. ¡Aleluya!

> Para 1 pastel de 8 a 10 raciones

CAPA DE COCO Y ARÁNDANOS

145 g (1 taza) de anacardos crudos

473 ml (2 tazas) de nata de coco (página 207)

40 g (2 cucharadas) del endulzante líquido que prefieras

1 cucharadita de extracto de vainilla

580 g (4 tazas) de arándanos negros

CAPA DE CHOCOLATE Y AGUACATE

2 aguacates

15 g (2 cucharadas) de cacao crudo en polvo

40 g (2 cucharadas) del endulzante líquido que prefieras

80 ml (⅓ de taza) de leche de almendra, o la cantidad necesaria

PARA ELABORAR LA CAPA DE COCO Y ARÁNDANOS: Tritura todos los ingredientes juntos, excepto los arándanos, hasta obtener una mezcla suave y homogénea. Vierte la mitad de la mezcla en un molde desmontable o ajustable alto, junto con la mitad de los arándanos. Remueve suavemente para que los arándanos queden distribuidos de forma uniforme, creando un bonito efecto de remolino azul y blanco. Congélalo hasta que se solidifique.

PARA ELABORAR LA CAPA DE CHOCOLATE: Tritura todos los ingredientes juntos hasta obtener una mezcla homogénea y espesa, añadiendo leche de almendra según sea necesario. Extiende la mezcla uniformemente sobre la primera capa de coco y arándanos congelada. Mételo de nuevo en el congelador hasta que se solidifique esta segunda capa. Por último, vierte por encima el resto de la mezcla de coco, así como los arándanos restantes. Remueve para repartir los arándanos y congela el pastel hasta que se solidifique del todo. *Voilà*.

Pastelitos de crema de frutas del bosque con pudin de chía

Esto fue un experimento que, por suerte, culminó con éxito. ¡Eureka! Cuando empecé a hacer estos pastelitos, la idea que tenía en mente era algo totalmente distinto, pero el destino quiso que este fuera el resultado. ¡Y no me quejo! Es un postre ideal para el verano, sobre todo congelado.

> Para 3 o 4 pastelitos

510 g (2 tazas) de frutas del bosque congeladas

73 g (½ taza) de anacardos crudos

15 ml (1 cucharada) de aceite de coco derretido

Leche de almendra

30 g (3 cucharadas) de semillas de chía en remojo en 90 ml (6 cucharadas) de leche de almendra para formar una mezcla de textura gelatinosa

½ cucharadita de extracto de vainilla

1 cucharadita del endulzante líquido que prefieras (opcional)

¼ de cucharadita de té verde en polvo

Tritura las frutas del bosque con los anacardos y el aceite de coco hasta obtener una mezcla cremosa muy espesa, añadiendo la mínima cantidad posible de leche de almendra. Vierte la mitad de esta mezcla en la base de varios moldes grandes para cupcakes y mételos en el frigorífico o en el congelador hasta que adquiera consistencia.
A continuación, añade el extracto de vainilla y el endulzante (si decides usar) a la mezcla de chía y remueve bien. Extiende esta mezcla por encima de la base de frutas del bosque de los moldes y cúbrela con la mezcla de frutas del bosque restante. Deja que los pastelitos se solidifiquen en el frigorífico o el congelador.
Sírvelos espolvoreados con un poco de té verde en polvo para añadir un toque de color de contraste.

Megapastel helado de crema de cacahuete y chocolate

Ya lo comenté en mi blog cuando compartí esta receta y me reitero ahora: ¡este pastel es la bomba!

> Para 1 pedazo de pastel de 10 a 12 raciones

BASE

85 g (½ taza) de semillas de cáñamo

55 g (⅓ de taza) de semillas de lino

23 g (3 cucharadas) de cacao crudo en polvo

175 g (1 taza) de dátiles sin hueso

RELLENO

3 plátanos, congelados

175 g (1 taza) de dátiles sin hueso

290 g (2 tazas) de anacardos crudos

30 ml (2 cucharadas) de aceite de coco

30 g (¼ de taza) de cacao crudo en polvo

295 ml (1 ¼ tazas) de agua o leche vegana, o la cantidad necesaria

32 g (2 cucharadas) de crema de cacahuetes crudos

Chocolate crudo líquido (opcional, página 209)

Tu crema de frutos secos crudos favorita (opcional)

PARA ELABORAR LA BASE: Tritura las semillas de cáñamo, las semillas de lino y el cacao en la picadora hasta obtener una harina gruesa. Luego añade los dátiles y tritúralo todo hasta que adquiera una textura compacta. Extiende y presiona la mezcla contra la base y las paredes de un molde desmontable y refrigéralo.

PARA ELABORAR EL RELLENO: Tritura todos los ingredientes juntos hasta obtener una mezcla suave y homogénea, añadiendo el agua necesaria para conseguir una textura cremosa. Extiende el relleno uniformemente sobre la base. De vez en cuando agrega un remolino de crema de chocolate y crema de frutos secos, si decides usarla (¡te lo recomiendo, sin duda!). Congela el pastel toda la noche o hasta que se solidifique. Antes de servirlo, deja que se descongele un poco para poder disfrutar de toda su cremosidad.

Pastel helado tricapa de anacardo-menta, coco-vainilla y plátano-fresa

Evidentemente esta receta está pensada para impresionar; eso es lo que se suele conseguir con capas de colores vistosos. Pero no solo seduce por la presentación, sino también por el sabor. Mis invitados no podían parar de comer y, para mí, ese es el mejor halago. Todos los sabores son muy refrescantes, por lo que es un pastel perfecto para los días más calurosos. Sin duda será un éxito seguro en cualquier fiesta de cumpleaños. ¡Todos a disfrutar de este pastel crudivegano helado!

> Para 1 pastel de 10 a 12 raciones

HELADO DE ANACARDO Y MENTA

290 g (2 tazas) de anacardos crudos

48 g (½ taza) de hojas de menta

85 g (¼ de taza) del endulzante líquido que prefieras

60 ml (¼ de taza) de aceite de coco derretido

235 ml (1 taza) de leche de almendra, o la cantidad necesaria

HELADO DE COCO Y VAINILLA

473 ml (2 tazas) de nata de coco (página 207)

Las semillas de 1 vaina de vainilla

40 g (2 cucharadas) del endulzante líquido que prefieras

145 g (1 taza) de anacardos crudos

HELADO DE PLÁTANO Y FRESA

3 plátanos

510 g (2 tazas) de fresas congeladas (o fresas frescas sin el rabito si usas plátanos congelados)

PARA ELABORAR CADA UNA DE LAS TRES CAPAS: Simplemente tritura todos los ingredientes de cada lista por separado, hasta obtener mezclas suaves y homogéneas. Pon cada una de las tres mezclas en un cuenco distinto. En un molde desmontable o ajustable, extiende una capa de helado de anacardo y menta. Congélalo unos 45 minutos, o hasta que se solidifique. Luego extiende encima una capa de helado de coco y vainilla. Congélalo de nuevo hasta que se solidifique. Supongo que ya pillas la idea. Sigue repitiendo capas y congelando hasta gastar las tres mezclas para terminar tu pastel helado. A la hora de servirlo, deja que se descongele un poco para disfrutar de toda su cremosidad.

Pastel de zanahoria con glaseado cremoso de anacardo

Esta es la receta más popular de mi blog, y no me extraña. Es tan deliciosa que parece un pecado mortal, pero no, ¡es de lo más saludable! El pastel de zanahoria resulta jugoso y sabroso, mientras que el glaseado aporta un toque dulce y cremoso. ¡Se me hace la boca agua!

> Para 1 pastel de 8 raciones

GLASEADO DE ANACARDO

290 g (2 tazas) de anacardos crudos, preferiblemente en remojo durante un par de horas

De 15 a 30 ml (1 o 2 cucharadas) de zumo de limón recién exprimido

30 ml (2 cucharadas) de aceite de coco derretido

115 g (⅓ de taza) de jarabe de arce puro

Agua

PASTEL DE ZANAHORIA

2 zanahorias grandes, peladas

180 g (1 ½ tazas) de harina de avena

175 g (1 taza) de dátiles sin hueso

145 g (1 taza) de piña deshidratada

43 g (½ taza) de coco rallado sin endulzar

½ cucharadita de canela molida

PARA ELABORAR EL GLASEADO: Tritura todos los ingredientes en la batidora a alta velocidad hasta obtener una mezcla suave y homogénea, con la mínima cantidad posible de agua. Pruébalo. Mmm... Pásalo a un bol y resérvalo.

PARA ELABORAR EL PASTEL: Trocea las zanahorias y tritúralas con todos los demás ingredientes en la picadora hasta que la mezcla quede bien desmenuzada y adquiera una textura compacta.

MONTAJE: Extiende y presiona la mitad de la mezcla de zanahoria en la base de un molde desmontable (el mío mide 15 cm de diámetro). Luego extiende por encima una tercera parte del glaseado y congélalo de 30 a 50 minutos, o hasta que el glaseado se haya endurecido. Después, dispón encima la mezcla de zanahoria restante. Yo refrigero el pastel toda la noche y lo cubro con el glaseado al día siguiente, pero también puedes hacerlo ahora, si lo prefieres. Desmolda el pastel y cúbrelo con el glaseado restante. Decóralo a tu gusto y ya estará listo para servir.

Pastel aterciopelado de chocolate doble sobre base de avellana

Un completo deleite para los sentidos.

> Para 1 pastel de 8 a 10 raciones

BASE

102 g (¾ de taza) de avellanas crudas

8 g (1 cucharada) de cacao crudo en polvo

145 g (1 taza) de uvas pasas

CAPA DE CHOCOLATE

145 g (1 taza) de anacardos crudos

85 g (1 taza) de coco rallado sin endulzar

168 g (1 taza) de semillas de cáñamo

85 g (¼ de taza) del endulzante líquido que prefieras

30 g (¼ de taza) de cacao crudo en polvo

15 g (2 cucharadas) de mezquite en polvo

235 ml (1 taza) de leche de almendra, o la cantidad necesaria

60 ml (¼ de taza) de manteca de cacao crudo derretida

Nibs de cacao crudo, para decorar

PARA ELABORAR LA BASE: Tritura las avellanas en la picadora hasta obtener una harina. Añade el cacao y las uvas pasas, y tritúralo todo junto hasta que empiece a adquirir una textura compacta. Extiende y presiona la mezcla en la base de un molde desmontable forrado con papel vegetal y mételo en el frigorífico.

PARA ELABORAR LA CAPA DE CHOCOLATE: Tritura todos los ingredientes hasta obtener una mezcla suave y homogénea, con la cantidad de leche de almendra necesaria para conseguir una textura cremosa pero espesa; incorpora la manteca de cacao al final. Extiende la mezcla uniformemente sobre la base y refrigera el pastel toda la noche. A la hora de servirlo, esparce unos nibs de cacao por encima. ¡Ya puedes darte un buen capricho de chocolate, sin ningún sentimiento de culpa!

Volcanes de chocolate y menta

Son el paradigma del pecado de chocolate. Un volcán quebradizo de chocolate crudo esconde una colada de lava de chocolate a la menta: de-li-cio-so. Para mi blog hice otra versión de esta receta, sin menta y con bayas de goji (está en las páginas 38 y 39) y sigue siendo una de las más populares. Es un postre ideal para una velada romántica, o para cualquier ocasión. Ten a mano un buen vaso de leche vegana.

> Para 4 volcanes medianos o 2 grandes

VOLCÁN

30 g (⅓ de taza) de avena

34 g (⅓ de taza) de pacanas crudas

9 g (1 cucharada colmada) de cacao crudo en polvo

115 g (⅔ de taza) de dátiles sin hueso, o más si es necesario

CENTRO DE LAVA

80 ml (⅓ de taza) de manteca de cacao crudo derretida

60 g (⅓ de taza) de dátiles sin hueso

18 g (2 cucharadas colmadas) de cacao crudo en polvo

⅛ de cucharadita de canela molida

⅛ de cucharadita de sal marina del Himalaya

⅛ de cucharadita de guindilla molida

De 5 a 10 gotas de aceite esencial de menta

Leche vegana

Nibs de cacao crudo, para decorar

Hojas de menta fresca, para decorar

PARA ELABORAR LOS VOLCANES: Tritura la avena con las pacanas y el cacao en polvo en la picadora hasta obtener una harina. Añade los dátiles y tritúralo todo hasta que la mezcla empiece a adquirir una textura compacta. Nota: Para esta receta la mezcla debe quedar muy compacta y pegajosa; si es preciso, añade más dátiles. Usando unas dos terceras partes de la mezcla (tienes que reservar un poco para las cubiertas), extiéndela y presiónala contra la base y las paredes de moldes para cupcakes forrados con papel vegetal y refrigéralos hasta que los necesites en el siguiente paso. Haz las cubiertas con la mezcla restante. Para ello, extiende y presiona la mezcla en cortapastas del mismo diámetro que los moldes para cupcakes. Refrigera también las cubiertas hasta que las necesites en el último paso.

PARA ELABORAR EL CENTRO DE LAVA: Tritura todos los ingredientes juntos hasta obtener una mezcla suave y homogénea, añadiendo la leche según sea necesario para conseguir una textura cremosa con consistencia de lava fundida (es una cierta consistencia, ¿vale?). Desmolda los volcanes de los moldes para cupcakes y rellénalos con esta mezcla, casi hasta arriba. Ahora coloca con cuidado las cubiertas en los volcanes, apretando suavemente los bordes. Dales la vuelta y decóralos con nibs de cacao y hojas de menta. ¿A qué esperas para derretirte de placer?

Pastel de queso de lima y jengibre con remolino de helado de frutas del bosque

Este cremoso pastel de sabores frescos y ligeros levantará pasiones. Está a medio camino entre un pastel de queso crudivegano y una tarta helada, pues fusiona capas de pastel de queso de lima y jengibre con un sencillo helado de frutas del bosque; por eso hay que conservarlo en el congelador. Ah, y la base es opcional, pero aporta otra textura interesante.

> Para 1 pastel de 8 a 12 raciones

BASE

68 g (¾ de taza) de avena

132 g (¾ de taza) de dátiles sin hueso

PASTEL DE QUESO

290 g (2 tazas) de anacardos crudos

30 ml (2 cucharadas) de aceite de coco derretido

13 g (1 cucharada) de jengibre fresco, pelado y picado

175 g (1 taza) de dátiles sin hueso

118 ml (½ taza) de agua, o la cantidad necesaria

30 ml (2 cucharadas) de zumo de lima recién exprimido

HELADO

510 g (2 ½ tazas) de frutas del bosque congeladas

PARA ELABORAR LA BASE: Tritura la avena en la picadora hasta obtener una harina. Añade los dátiles y tritúralo todo hasta que empiece a adquirir una textura compacta. Extiende y presiona la mezcla en la base de un molde pequeño y refrigéralo hasta que vayas a añadir las siguientes capas.

PARA ELABORAR EL PASTEL DE QUESO Y EL HELADO: Tritura los ingredientes del pastel de queso y del helado por separado, hasta obtener dos mezclas suaves y homogéneas. Pasa cada una de las mezclas a sendos cuencos. Extiende un poco de helado de frutas del bosque de forma uniforme sobre la base, y después un poco de la mezcla de pastel de queso; sigue alternando capas a tu gusto, hasta gastar las dos mezclas. Congela el pastel toda la noche, o hasta que se solidifique. Para disfrutarlo en todo su esplendor, es mejor dejar que se descongele tan solo unos minutos.

capítulo 2

Barritas, galletas y otros bocados

EN ESTE CAPÍTULO encontrarás todo tipo de delicias dulces que podrás cortar y disfrutar de un solo bocado, o tal vez más de uno. Desde trufas y galletas, hasta ricas rosquillas, pasando por todo lo que puedas imaginar. Estos dulces se pueden conservar fácilmente. De todos modos, puedes ajustar la cantidad de los ingredientes en función de tus necesidades. ¿Que vas a una fiesta? Mejor haz el doble de la cantidad indicada. ¿Que son solo para ti? Haz la mitad y guarda lo que te sobre para otro día. De hecho, normalmente yo me suelo comer la mitad de los ingredientes mientras voy preparando la receta, pero shhh..., mejor que nadie se entere...

Estas recetas son ideales para llevar a un pícnic y para otras situaciones informales. ¿Y a quién no le gusta que aparezcan unos fudges crudiveganos en la puerta de casa como por arte de magia? (Por si no lo has pillado, quiero decir que también son unos regalos perfectos). Encontrarás ideas muy prácticas para llevar de viaje y sencillamente satisfacer un deseo espontáneo de dulce. Los antojos de mis papilas gustativas marcan mi vida, así que cuando no puedo pensar en otra cosa que no sea un bocado de chocolate y caramelo, estas recetas son mi salvación.

Como es habitual en este particular libro de cocina, lo mejor de todo es que estas recetas te permiten disfrutar sin ningún remordimiento, ¡100 % libres de culpa! No tengo ni idea de calorías ni todas esas cosas por las que la gente se preocupa tanto. ¡No te estreses! Estas recetas solo contienen un montón de ingredientes naturales sin procesar que son excelentes para tu cuerpo, tanto por dentro como por fuera. A mí me suelen preguntar cómo tengo la suerte de tener una piel con un brillo tan natural. Y yo les contesto que es porque como muchos brownies.

Barritas de caramelo y moca

Si te gustan los caprichos dulces consistentes, quizá esta pueda ser tu receta favorita de todo el libro.

> Para unas 9 barritas

BASE

145 g (1 taza) de almendras crudas

175 g (1 taza) de dátiles sin hueso

CARAMELO

130 g (½ taza) de crema de anacardos crudos

118 ml (½ taza) de aceite de coco

175 g (1 taza) de dátiles sin hueso

Una pizca de sal

½ cucharadita de extracto de vainilla

43 g (½ taza) de coco rallado sin endulzar (opcional)

MOCA

80 ml (⅓ de taza) de aceite de coco

De 8 a 15 g (1 o 2 cucharadas) de cacao crudo en polvo

De 8 a 15 g (1 o 2 cucharadas) de granos de café finamente molidos (opcional)

85 g (¼ de taza) del endulzante líquido que prefieras

PARA ELABORAR LA BASE: Tritura las almendras en la picadora hasta obtener una harina. Añade los dátiles y tritúralo todo hasta que empiece a adquirir una textura compacta. Extiende y presiona la mezcla en la base de un molde rectangular y refrigéralo hasta que vayas a añadir las siguientes capas.

PARA ELABORAR LA CAPA DE CARAMELO Y LA DE MOCA: Tritura los ingredientes de cada lista por separado, hasta obtener dos mezclas suaves y homogéneas. Extiende el caramelo sobre la base.
A continuación, extiende la capa de moca. Refrigéralo hasta que se solidifique por completo, preferiblemente toda la noche. Córtalo en porciones, híncale el diente ¡y siente la cafeína!

Barritas energéticas de arándanos rojos

¡Elaboremos dulces naturales que podamos comernos con orgullo, por nosotros, por el planeta y por nuestros amigos los animales! Estas saludables barritas con base de blondie (el blondie es un "brownie rubio") están rellenas de fibra, proteínas y grasas saludables. Eso sí, son bastante densas, por lo que supongo que tendrás bastante con una. Yo me tomé una para desayunar y me dio un montón de energía para todo el día. Si quieres comer más, adelante. Pero luego vete a bailar si quieres mantener la línea.

> Para 8 barritas grandes

BASE DE BLONDIE

90 g (1 taza) de avena

170 g (1 taza) de trigo sarraceno

175 g (1 taza) de dátiles sin hueso

1 cucharadita de extracto de vainilla

1 cucharadita de ralladura de naranja

GLASEADO DE QUESO CREMOSO

145 g (1 taza) de anacardos crudos

60 ml (¼ de taza) de zumo de limón recién exprimido

15 ml (1 cucharada) de aceite de coco derretido

115 g (⅓ de taza) de sirope de agave

SIROPE DE NARANJA Y ARÁNDANOS ROJOS

45 ml (3 cucharadas) de manteca de cacao crudo derretida

45 ml (3 cucharadas) de zumo de naranja recién exprimido

¼ de cucharadita de estevia (opcional, para endulzar y espesar)

30 g (¼ de taza) de arándanos rojos deshidratados

1 cucharadita de ralladura de naranja

PARA ELABORAR LA BASE: Tritura la avena y el trigo sarraceno en la picadora hasta obtener una harina gruesa. Añade los dátiles, el extracto de vainilla y la ralladura de naranja, y tritúralo todo hasta que se forme una bola. Extiende y presiona la masa en la base de un molde forrado con papel vegetal. Reserva la base de blondie o, si prefieres que se parezca más a un bizcocho horneado, deshidrátala durante un par de horas en un deshidratador o en el horno a la temperatura mínima.

PARA ELABORAR EL GLASEADO: Tritura todos los ingredientes juntos hasta obtener una mezcla suave y homogénea. El glaseado resultará más gustoso si lo dejas reposar uno o dos días, pero también queda bien si lo preparas al momento. De cualquier modo, estará delicioso. Extiéndelo sobre la base de blondie.

PARA ELABORAR EL SIROPE: Tritura la manteca de cacao derretida con el zumo de naranja. Añade la estevia, si decides usar. Esparce los arándanos rojos y la ralladura de naranja por encima de la base de blondie, y luego riégalo con el sirope. Mételo unas horas en el frigorífico para que adquiera consistencia. Luego ya podrás cortarlo como quieras y disfrutarlo a modo de barritas.

Cuadraditos de avena y crema de cacahuete con chocolate crudo y arándanos

En una cafetería quizá podríamos encontrar algo así, junto a magdalenas tamaño XXL y bocadillos variados. La diferencia es que estos cuadraditos solo contienen ingredientes saludables de primera calidad que no están cargados de calorías vacías. No te cortes, sírvete un buen trozo y disfrútalo en el desayuno, como tentempié o como postre. Para una versión más exquisita todavía, añade una fina capa de chocolate crudo (página 209) por encima de la avena.

> Para 12-16 unidades

CAPA DE AVENA

90 g (1 taza) de copos de avena
10 g (½ taza) de crema de cacahuetes crudos
80 ml (⅓ de taza) de aceite de coco derretido
115 g (⅓ de taza) de jarabe de arce puro
43 g (½ taza) de coco rallado sin endulzar
1 cucharadita de extracto de vainilla

145 g (1 taza) de arándanos negros frescos o congelados y/o cualquier otra fruta que te guste

PARA ELABORAR LA CAPA DE AVENA: Mezcla todos los ingredientes hasta que los copos de avena queden bien recubiertos con los ingredientes húmedos. Extiende y presiona la mezcla en la base de un molde cuadrado de 23 cm de lado forrado con papel vegetal. Mételo en el frigorífico hasta que la mezcla adquiera consistencia, unas 2 horas. Dispón una capa de arándanos por encima y corta los cuadraditos.

Bocados perfectos de chocolate y caramelo

Son infinitamente mejores que cualquier barrita de chocolate comercial que haya podido probar, no solo porque su sabor es mucho mejor, sino porque están hechos únicamente con ingredientes naturales ¡y mucho cariño! Esta es otra receta excelente para compartir con aquellos que creen que «saludable» y «placentero» no pueden referirse al mismo plato, y es que el chocolate siempre tiene las de ganar.

> Para unas 12 unidades

BASE

290 g (2 tazas) de almendras crudas

263 g (1 ½ tazas) de dátiles sin hueso

Un toque de extracto de vainilla

CAPA DE CARAMELO

175 g (1 taza) de dátiles sin hueso

15 ml (1 cucharada) de aceite de coco derretido

60 ml (¼ de taza) de agua

Un toque de extracto de vainilla

Una pizca de sal marina

CAPA DE CHOCOLATE

30 ml (2 cucharadas) de aceite de coco derretido

30 g (¼ de taza) de cacao crudo en polvo

50 g (2 ½ cucharadas) de jarabe de arce puro

¼ de cucharadita de guindilla molida

PARA ELABORAR LA BASE: Tritura las almendras en la picadora hasta obtener una harina. Añade los dátiles y la vainilla, y tritúralo todo junto hasta que empiece a adquirir una textura compacta. Extiende y presiona la mezcla en la base de un molde cuadrado de 23 cm de lado forrado con papel vegetal y refrigéralo hasta que vayas a añadir la capa de caramelo.

PARA ELABORAR LA CAPA DE CARAMELO Y LA DE CHOCOLATE: Tritura juntos todos los ingredientes de la capa de caramelo hasta obtener una mezcla suave y homogénea. Extiende la mezcla sobre la base. Luego haz lo mismo con los ingredientes del chocolate y extiende la mezcla sobre la capa de caramelo. Refrigéralo toda la noche para que adquiera consistencia. Al día siguiente, córtalo en cuadraditos y sírvelos. Unos bocados exquisitos.

Barritas de algarroba con naranja y barritas de chocolate con almendra

Siempre son bien recibidas en cualquier fiesta, son fáciles y rápidas de preparar. La gente se emociona al ver sofisticados dulces de chocolate, así que imagina cuando les digas que, además, son sanos y caseros. ¡Seguro que haces nuevos amigos! Y si no tienes ninguna fiesta a la vista, estas barritas siempre son un capricho que puedes darte después de la cena. Recomiendo vino blanco para acompañar las barritas de algarroba con naranja, y vino tinto para las de chocolate con almendra.

> Para unas 4 barritas

BARRITAS DE ALGARROBA CON NARANJA

35 g (⅓ de taza) de algarroba en polvo
60 ml (¼ de taza) de aceite de coco derretido
50 g (2 ½ cucharadas) de jarabe de arce puro
½ cucharadita de extracto de vainilla
El zumo y la ralladura de 1 naranja

BARRITAS DE CHOCOLATE CON ALMENDRA

40 g (⅓ de taza) de cacao crudo en polvo
80 ml (⅓ de taza) de aceite de coco derretido
50 g (2 ½ cucharadas) de jarabe de arce puro
½ cucharadita de aceite de almendra
37 g (¼ de taza) de almendras crudas troceadas

PARA ELABORAR LAS BARRITAS DE ALGARROBA CON NARANJA: Mezcla todos los ingredientes hasta que la mezcla resulte suave y homogénea. Extiéndela en una capa fina en la base de un molde rectangular pequeño forrado con papel vegetal. Refrigérala hasta que se endurezca, aproximadamente 1 hora. Luego córtala en barritas.

PARA ELABORAR LAS BARRITAS DE CHOCOLATE CON ALMENDRA: Sigue los mismos pasos, pero reservando las almendras troceadas para el final. Espárcelas con cuidado por encima del chocolate antes de meterlo en el frigorífico.

Barritas Coco Loco

Llevan coco y cacao, y están riquísimas, como para volverse loco, de ahí el nombre de estas barritas. Si no te gusta el sabor de las uvas pasas (algo ácidas), puedes sustituirlas por dátiles. Estas barritas acompañadas de un buen vaso de leche vegana bien fría constituyen una apetitosa merienda.

> Para 10-12 barritas

BASE

90 g (1 taza) de avena

100 g (1 taza) de nueces crudas

290 g (2 tazas) de uvas pasas

15 g (2 cucharadas) de cacao crudo en polvo

CAPA DE COCO

30 ml (2 cucharadas) de aceite de coco derretido

10 g (2 cucharadas) de coco rallado sin endulzar

1 cucharadita de azúcar sin refinar o pasta de dátiles (página 210)

CAPA DE CHOCOLATE

15 g (2 cucharadas) de cacao crudo en polvo

30 ml (2 cucharadas) de aceite de coco derretido

30 g (2 cucharadas) de azúcar sin refinar o pasta de dátiles (página 210)

PARA ELABORAR LA BASE: Tritura la avena con las nueces en la picadora hasta obtener una harina gruesa. Añade las uvas pasas y el cacao, y tritúralo todo junto hasta que adquiera una textura compacta. Extiende y presiona la mezcla en la base de un molde cuadrado de 23 cm de lado forrado con papel vegetal y refrigéralo hasta que vayas a añadir las siguientes capas.

PARA ELABORAR LA CAPA DE COCO Y LA DE CHOCOLATE: Mezcla los ingredientes de cada capa en sendos cuencos, hasta que las mezclas resulten suaves y homogéneas. Extiende primero la capa de coco sobre la base, y después la capa de chocolate por encima. Si quieres, puedes esparcir un poco de coco rallado adicional al final. Refrigéralo unos 30 minutos, para que adquiera consistencia. Luego córtalo en barritas y ya puedes hincarle el diente.

Brownies con glaseado dulce de canela y guindilla

No cabe duda de que los brownies tienen un papel fundamental en la felicidad del planeta. Son capaces de transformar un día gris en una jornada alegre, un ceño fruncido en una amplia sonrisa. Además, con los brownies crudiveganos resulta de lo más gratificante saber que la delicia de chocolate que tienes en las manos no ha supuesto ningún daño a nadie. Y es bueno para tu cuerpo: las semillas de cáñamo, las nueces y las semillas de lino van muy bien para el pelo, la piel, las uñas y la actividad cerebral; la guindilla y la canela del glaseado activan el metabolismo y favorecen la eliminación de toxinas, y el cacao te aporta fibra. ¡Un superalimento de lo más completo!

> Para 9 brownies grandes

BROWNIES

100 g (1 taza) de nueces crudas
672 g (4 tazas) de semillas de lino
85 g (½ taza) de semillas de cáñamo
175 g (1 taza) de dátiles sin hueso
145 g (1 taza) de uvas pasas
15 g (2 cucharadas) de cacao crudo en polvo
1 cucharadita de extracto de vainilla
Una pizca de sal (opcional)

GLASEADO

1 aguacate, pelado y sin hueso
De 8 a 15 g (1 o 2 cucharadas) de cacao crudo en polvo
40 g (2 cucharadas) de jarabe de arce puro
¼ de cucharadita de canela molida
¼ de cucharadita de guindilla molida
15 ml (1 cucharada) de aceite de coco derretido

PARA ELABORAR LOS BROWNIES: Tritura las nueces con las semillas de lino en la picadora hasta obtener una harina gruesa. Añade los demás ingredientes y tritúralo todo junto hasta que empiece a adquirir una textura compacta. Extiende y presiona la mezcla uniformemente en la base de un molde cuadrado de 23 cm de lado forrado con papel vegetal y refrigérala 1 hora más o menos.

PARA ELABORAR EL GLASEADO: Tritura todos los ingredientes juntos hasta obtener una mezcla homogénea y espesa. Si hace falta, refrigérala para que espese un poco más. Cuando la masa de los brownies ya tenga la consistencia adecuada, cúbrela con el glaseado y córtala en cuadraditos. ¡Y a disfrutar!

Bocados energéticos de chocolate con semillas de calabaza, uvas pasas y maca

Son ideales para llevar de viaje como tentempié, o para ayudarte a superar esos días duros. No dudes en preparar esta receta con niños, si no te importa que la cocina se ensucie un poco.

> Para unas 10 unidades

BASE DE CHOCOLATE

60 ml (¼ de taza) de manteca de cacao crudo derretida

30 g (¼ de taza) de cacao crudo en polvo

8 g (1 cucharada) de maca en polvo

40 g (2 cucharadas) del endulzante líquido que prefieras

DECORACIÓN

Uvas pasas

Semillas de calabaza crudas

Nueces crudas

Bayas de goji

PARA ELABORAR LA BASE DE CHOCOLATE: Mezcla todos los ingredientes juntos hasta que la mezcla resulte suave y homogénea. Viértela en pequeños moldes circulares y añade por encima los ingredientes de decoración, presionando un poco para que se hundan. Refrigera los bocados de chocolate de 1 a 2 horas, o hasta que se solidifiquen.

Coquitos crujientes recubiertos de chocolate crudo

Estas delicias pueden resultar adictivas para los amantes del coco. Mi madre no es muy de dulces, pero estos coquitos los devoró en un santiamén, y es que le recordaban a los Almond Joys que comía de pequeña. ¡Creo que hice un buen trabajo! Cuando alguien no puede dejar de comer lo que has preparado o pide repetir te está haciendo el mejor cumplido.

> Para 6 unidades grandes

CHOCOLATE

60 ml (4 cucharadas) de manteca de cacao crudo derretida

30 g (¼ de taza) de cacao crudo en polvo

40 g (2 cucharadas) del endulzante líquido que prefieras

RELLENO DE COCO

107 g (1 ¼ tazas) de coco rallado sin endulzar

15 ml (1 cucharada) de aceite de coco derretido, o la cantidad necesaria

20 g (1 cucharada) de sirope de agave, o la cantidad necesaria

PARA ELABORAR EL CHOCOLATE: Mezcla todos los ingredientes juntos hasta obtener una mezcla suave y homogénea. Reserva.

PARA ELABORAR EL RELLENO DE COCO: Pon la mitad del coco en la picadora y tritúralo hasta que tenga la consistencia de una mantequilla grumosa; puede tardar varios minutos. Añade los demás ingredientes, incluido el coco restante, y tritúralo todo junto hasta que adquiera una textura compacta. Si la mezcla queda demasiado seca, añade más aceite de coco o sirope de agave. Forma bolitas aplastadas con la mezcla y refrigéralas 1 hora, hasta que adquieran consistencia. Luego sumérgelas en el chocolate reservado y deja que el chocolate se solidifique. ¡Y a comer!

Bolitas de piña colada con piña, coco y piñones

Aquí tienes una receta rápida para improvisar un tentempié dulce en un momento. La combinación de piña y coco es un clásico infalible. La adición de piñones aporta otra capa de sabor que no hace nada más que mejorar el conjunto final.

> Para unas 20 unidades

70 g (½ taza) de piñones crudos
75 g (½ taza) de piña deshidratada
43 g (½ taza) de coco rallado sin endulzar
15 ml (1 cucharada) de aceite de coco derretido, o la cantidad necesaria
28 g (¼ de taza) de bayas de goji

Tritura los piñones en la picadora hasta obtener una harina. Añade los demás ingredientes y tritúralo todo junto hasta que empiece a adquirir una textura compacta. Si la mezcla queda demasiado seca, añade un poco de aceite de coco. Ajusta la mezcla a tu gusto. Una vez lista, forma bolitas con la mezcla y déjalas reposar en el frigorífico unas horas ¡o devóralas al instante si no puedes resistirte!

Crujiente de fruta con helado de plátano

Esta receta es ideal para el verano. A mí me encanta tomarme un buen bol en el jardín, al sol. Si prefieres un batido refrescante, no tienes más que triturar bien todos los ingredientes con un poco de hielo. También está riquísimo.

> Para 3 o 4 raciones

CRUJIENTE

50 g (½ taza) de nueces crudas
45 g (½ taza) de copos de avena
88 g (½ taza) de dátiles sin hueso
Canela molida

FRUTA

2 melocotones, sin el hueso
1 pera, descorazonada
75 g (½ taza) de arándanos negros
Cualquier otra fruta a tu gusto
3 plátanos, congelados

Tritura los ingredientes del crujiente en la picadora hasta conseguir una textura similar al muesli; añade canela al gusto. Pásalo a un bol. Trocea la fruta y mézclala con el crujiente. Tritura los plátanos hasta que tengan una textura suave y cremosa. Añade cucharadas del helado de plátano al crujiente de fruta.
¡Para chuparse los dedos!

Barritas supremas de coco

Son el súmmum para los amantes del aroma, el sabor y la esencia del coco. Yo soy una de esas locas por el coco, así que me cuesta resistirme a ir probando la mezcla antes de meter las barritas en el frigorífico. Además, lo que te sobre puedes usarlo como crema exfoliante hidratante para la piel. Estas barritas son ideales para tomarlas antes o después de hacer ejercicio, ya que el coco te aporta energía duradera y ayuda a liberar lentamente los hidratos de carbono del endulzante. El coco es un superalimento. ¡Aprovéchalo!

> Para 4 barritas

170 g (2 tazas) de coco rallado sin endulzar

20 ml (1 cucharada colmada) de aceite de coco

De 40 a 85 g (de 2 a 4 cucharadas) del endulzante líquido que prefieras

Pon 85 g (1 taza) del coco en la picadora y tritúralo hasta que empiece a salir el aceite y tenga una consistencia similar a una mantequilla grumosa; puede tardar varios minutos. Añade los demás ingredientes, incluido el coco restante, y tritúralo todo junto hasta que la mezcla resulte homogénea. Extiéndela y presiónala en la base de un molde rectangular forrado con papel vegetal y refrigérala 1 hora, o hasta que adquiera consistencia. Luego corta las barritas. En el frigorífico se conservan bien hasta una semana.

Fudge superior

¿Por qué es superior? Porque es bueno para ti, no supone ningún daño a nadie y está incluso más rico que la versión original de este dulce de azúcar anglosajón. ¿Qué más quieres?

> Para 8 unidades

175 g (1 taza) de dátiles sin hueso

65 g (¼ de taza) de crema de anacardos crudos

55 g (½ taza) de manteca de coco

15 g (2 cucharadas) de cacao crudo en polvo

½ cucharadita de vainilla en polvo

Tritura todos los ingredientes juntos en la picadora hasta obtener una mezcla muy suave y compacta. Extiéndela y presiónala en la base de un molde rectangular y métela en el frigorífico 1 o 2 horas, hasta que adquiera consistencia. Corta el fudge en 8 porciones y disfruta de este placer en paz.

Trufas de cacao y maca

Se preparan en unos minutos y son un tentempié estupendo para llevarte de viaje o para cuando necesitas una buena dosis de energía en días ajetreados, entrenamientos intensos o en la vida en general. La maca favorece el equilibrio hormonal y es conocida como afrodisíaca... ¡Oh, sí!...

> Para unas 10 trufas

50 g (½ taza) de nueces crudas

85 g (½ taza) de semillas de cáñamo

175 g (1 taza) de dátiles sin hueso

15 g (2 cucharadas) de maca en polvo, y opcionalmente un poco más como cobertura

1 cucharadita de cacao crudo en polvo, y opcionalmente un poco más como cobertura

½ cucharadita de vainilla en polvo (opcional)

Tritura las nueces con las semillas de cáñamo en la picadora hasta obtener una harina. Añade los demás ingredientes y tritúralo todo hasta que adquiera una textura compacta. Forma bolitas con la mezcla y, si quieres, cúbrelas con maca o cacao en polvo. ¡Espectacular!

Torre de chocolate a la naranja con kiwi, naranja e higos secos

La combinación de naranja y chocolate es sencillamente genial. Si no la has probado nunca, ¿a qué esperas?

> Para 3 raciones

CHOCOLATE CRUDO A LA NARANJA

45 ml (3 cucharadas) de aceite de coco derretido

De 20 a 40 g (1 o 2 cucharadas) de sirope de agave o jarabe de arce puro

15 g (2 cucharadas) de cacao crudo en polvo

¼ de cucharadita de extracto de vainilla

¼ de cucharadita de canela molida

La ralladura de 1 naranja

Una pizca de sal

CAPAS DE FRUTA

1 kiwi

1 naranja

4 higos secos

COULIS DE BAYAS DE GOJI

28 g (¼ de taza) de bayas de goji secas, en remojo con la cantidad justa de agua para cubrirlas

20 g (1 cucharada) de sirope de agave

Otras frutas del bosque (opcional)

PARA ELABORAR EL CHOCOLATE: Mezcla todos los ingredientes juntos a mano hasta obtener una mezcla homogénea y apetitosa. Sobre un papel vegetal, toma una cucharada de chocolate y extiéndelo en un círculo de unos 5 cm de diámetro. Ve formando círculos hasta emplear todo el chocolate; deberían salirte unos seis. Congélalos.

PARA PREPARAR LAS CAPAS DE FRUTA: Corta toda la fruta en rodajas.

PARA ELABORAR EL COULIS DE BAYAS DE GOJI: Tritura las bayas de goji con el agua de remojo y el sirope de agave hasta obtener una mezcla suave y homogénea. Si tienes más frutas del bosque y quieres usarlas, añádelas también.

MONTAJE: Saca el chocolate del congelador; ya debería haberse solidificado. Decora los platos con el coulis, a tu gusto, y luego apila torres de discos de chocolate y rodajas de fruta.

Crepes de plátano y chocolate con nata de coco y frutas del bosque

Aquí nos vamos sofisticando. Asegúrate de vigilar bien las crepes: la primera vez que las hice las deshidraté más tiempo de la cuenta y no quedaron suficientemente flexibles. Aparte de eso, son magníficas como desayuno sorpresa para alguien especial... y ya sabes a lo que me refiero, ¿eh?

> Para 3 crepes

CREPES

3 plátanos

8 g (1 cucharada) de cacao crudo en polvo

60 g (⅓ de taza) de dátiles sin hueso

RELLENO

Nata de coco (página 207)

Frutas del bosque frescas y cualquier otra fruta

Tritura todos los ingredientes para las crepes juntos hasta obtener una mezcla suave y homogénea. Extiéndela en forma de crepes en las bandejas del deshidratador y deshidrátalas unas 12 horas, o hasta que se hayan secado pero sigan conservando cierta flexibilidad. Rellénalas con la nata de coco y la fruta, enróllalas y ¡disfrútalas!

Vasitos de chocolate con crema de frutos secos, tres versiones

Son pura y endiablada voluptuosidad. No hay mayor perfección que una deliciosa crema de frutos secos envuelta en chocolate negro, con sal marina y nibs de cacao por encima. He decidido utilizar tres cremas diferentes simplemente porque, casi siempre, en la variedad está el gusto. Yo he optado por crema de semillas de sésamo, de cacahuete y de almendra, pero puedes usar las que más te gusten. Estos vasitos también los uso para decorar el Pastel helado de chocolate y crema de cacahuete (página 20).

> Para 10-12 unidades

VASITOS DE CHOCOLATE

80 ml (⅓ de taza) de aceite de coco derretido

50 g (2 ½ cucharadas) de jarabe de arce puro

40 g (⅓ de taza) de cacao crudo en polvo

1 cucharadita de extracto de vainilla

RELLENO

45 g (3 cucharadas) de crema de semillas de sésamo (tahíni)

48 g (3 cucharadas) de crema de cacahuetes crudos

48 g (3 cucharadas) de crema de almendras crudas

Sal marina, para decorar

Nibs de cacao crudo, para decorar

Mezcla los ingredientes del chocolate en un cuenco hasta que la mezcla resulte suave y homogénea. Toma unos doce moldes de papel para magdalenas (o más pequeños para los minivasitos) y píntalos por dentro con la mezcla de chocolate, de modo que las bases y las paredes queden recubiertas uniformemente de chocolate. (Si está demasiado claro y no se adhiere, refrigéralo unos 10 minutos para que espese un poco). Refrigera los moldes 30 minutos, o hasta que el chocolate esté duro. Luego rellena cada vasito con 1 cucharadita de una de las cremas de frutos secos. Por último, vierte el chocolate restante por encima. (Ahora es posible que tengas que derretir el chocolate de nuevo para poder verterlo). Refrigera los vasitos unos 20 minutos, o hasta que se solidifiquen del todo. Esparce por encima sal marina y nibs de cacao, y sírvelos acompañados de una bebida de frutos secos. Mmm... ¡Insuperable!

Torres de aguacate con mousse de chocolate negro y pistachos con canela

Esta receta es muy sencilla, pero tiene una presentación impresionante, por lo que podría ser un postre perfecto para una cena romántica. O también puede ser algo especial solo para ti, simplemente porque te lo mereces. Eres increíble, así que ¡no te cortes! Lo mejor de todo es que está incluso más bueno de lo que parece. Además, pelar el aguacate es una tarea divertida... o quizá es que yo me divierto con cualquier cosa.

> Para 1 torre, de 1 a 2 raciones

CAPA DE CHOCOLATE

1 plátano

10 g (1 cucharada colmada) de cacao crudo en polvo

20 g (1 cucharada) de jarabe de arce puro

15 ml (1 cucharada) de aceite de coco derretido

¼ de cucharadita de extracto de vainilla

DECORACIÓN

¼ de cucharadita de canela

7 g (1 cucharada) de pacanas crudas troceadas

9 g (1 cucharada) de pistachos crudos troceados

CAPA DE AGUACATE

1 aguacate

PARA ELABORAR LA CAPA DE CHOCOLATE: Tritura todos los ingredientes juntos hasta obtener una mezcla suave y homogénea. Refrigérala hasta que se espese, unos 30 minutos.

PARA PREPARAR LOS FRUTOS SECOS DE DECORACIÓN: Mezcla los frutos secos con la canela en un cuenco, de modo que queden bien recubiertos.

MONTAJE: Pela el aguacate con cuidado y córtalo en gruesas rodajas horizontales, retirando el hueso con delicadeza cuando llegues a él. Asegúrate de mantener las rodajas en el orden correcto. Ahora ve apilándolas, extendiendo un poco de la mezcla de chocolate sobre cada una, hasta terminar el aguacate y el chocolate. Recubre la torre con los frutos secos, presionándolos suavemente. Mmm... ¡Menuda tentación!

Rosquillas crudiveganas glaseadas con chispas de fruta

Son tan bonitas que da pena comérselas, pero la verdad es que duran poco en la mesa. La fase de decoración es mi favorita. Seguro que causarían sensación en una fiesta de postres caseros. Deshidratar las rosquillas es opcional, aunque evita que se desmoronen tan fácilmente. Las posibles combinaciones son infinitas, así que da rienda suelta a tu creatividad. También puedes añadir cacao, vainilla, maca o cualquier otro ingrediente a la masa de las rosquillas para hacerlas de otro sabor. ¡Que empiece la fiesta!

> Para 3 rosquillas grandes o 6 pequeñas

ROSQUILLAS

290 g (2 tazas) de almendras crudas

327 g (2 ¼ tazas) de pasas de Esmirna

GLASEADO DE CHOCOLATE

8 g (1 cucharada) de cacao crudo en polvo

15 ml (1 cucharada) de aceite de coco derretido

20 g (1 cucharada) de jarabe de arce puro

GLASEADO DE FRESA

15 ml (1 cucharada) de aceite de coco derretido

2 fresas grandes, sin el rabito y en láminas

GLASEADO DE COCO

15 ml (1 cucharada) de aceite de coco derretido

6 g (1 cucharada) de coco rallado sin endulzar

20 g (1 cucharada) de jarabe de arce puro

CHISPAS DE FRUTA

10 g (1 cucharada) de papaya deshidratada en daditos

10 g (1 cucharada) de pasas de Esmirna en daditos

7 g (1 cucharada) de bayas de goji en daditos

5 g (1 cucharada) de copos de coco crudo

8 g (1 cucharada) de nibs de cacao crudo

PARA ELABORAR LAS ROSQUILLAS: Tritura las almendras en la picadora hasta obtener una harina gruesa. Añade las pasas y tritúralo todo junto hasta que empiece a adquirir una textura compacta. Presiona la mezcla en moldes para rosquillas y deshidrátalas 2 horas (si no tienes deshidratador, puedes hacerlo en el horno a la temperatura mínima). Luego refrigéralas 30 minutos. También puedes meterlas directamente en el frigorífico sin deshidratarlas.

PARA ELABORAR LOS GLASEADOS: Mezcla todos los ingredientes de cada glaseado hasta conseguir mezclas suaves y homogéneas. Cubre cada rosquilla con un glaseado. Luego esparce las chispas de fruta por encima. ¡Y rosquillas directas a la boca!

Barritas de crema de aguacate y menta con chocolate, dos versiones

Son sorprendentemente deliciosas. La primera vez que las hice, esperaba que estuviesen buenas, claro, pero aluciné cuando di el primer mordisco al producto acabado. Son cremosas y dulces, y saben a menta y a chocolate, todo a la vez. Estéticamente recuerdan a las barras de Nanaimo tradicionales del Canadá, pero después de probarlas pensé que merecían un nombre propio. Piensa en un helado de menta con trocitos de chocolate, en forma cuadrada: ¡eso son estas barritas! Nota: Para el relleno, puedes usar pulpa de coco y refrigerar las barritas, o usar un plátano y congelarlas para hacer unos sándwiches helados. Ambas opciones son buenas ideas. Estarán riquísimas de cualquier modo.

> Para unas 14 barritas

BASE

145 g (1 taza) de almendras crudas

175 g (1 taza) de dátiles sin hueso

10 g (1 cucharada colmada) de cacao crudo en polvo

RELLENO

1 aguacate, pelado y sin hueso

45 ml (3 cucharadas) de aceite de coco derretido

De 60 a 85 g (3 o 4 cucharadas) de jarabe de arce puro

1 plátano, u 80 g (1 taza) de pulpa de coco verde fresco

½ cucharadita de extracto de vainilla

Una pizca de sal (opcional)

De 5 a 10 gotas de aceite esencial de menta

COBERTURA

23 g (3 cucharadas) de cacao crudo en polvo

45 ml (3 cucharadas) de aceite de coco derretido

40 g (2 cucharadas) de jarabe de arce puro

PARA ELABORAR LA BASE: Tritura todos los ingredientes juntos en la picadora hasta que la mezcla adquiera una textura compacta. Extiéndela uniformemente y presiónala en la base de un molde cuadrado de 23 cm de lado forrado con papel vegetal. Refrigera la base mientras preparas la siguiente capa.

PARA ELABORAR EL RELLENO: Tritura todos los ingredientes juntos hasta obtener una mezcla homogénea y espesa. Extiéndela sobre la base y mete el molde de nuevo en el frigorífico.

PARA ELABORAR LA COBERTURA: Mezcla todos los ingredientes juntos hasta obtener una mezcla suave y homogénea. Viértela uniformemente sobre el relleno. Mete el molde en el frigorífico o en el congelador, según el ingrediente que hayas usado en el relleno.

Barritas superenergéticas con frutos secos, semillas, higos, uvas pasas y sirope de coco

Estas barritas te dan energía para todo el día. Son idóneas tanto para después de un entrenamiento como para antes de emprender una dura caminata, o simplemente cuando necesitas algo sano y natural que te ayude a superar un día intenso. Están cargadas de superalimentos: semillas de chía, bayas de goji, almendras, nibs de cacao, aceite de coco... Y saben a gloria. Te sentirás como si pudieras volar.

> Para unas 10 barritas

BARRITAS

25 g (¼ de taza) de pacanas crudas

37 g (¼ de taza) de almendras crudas

20 g (2 cucharadas) de semillas de chía

25 g (2 cucharadas) de semillas de cáñamo

17 g (2 cucharadas) de semillas de calabaza crudas

20 g (2 cucharadas) de semillas de girasol

15 g (2 cucharadas) de nibs de cacao crudo

145 g (1 taza) de uvas pasas

60 g (⅓ de taza) de higos secos

Una pizca de sal (opcional)

SIROPE DE COCO

30 ml (2 cucharadas) de aceite de coco derretido

20 g (1 cucharada) del endulzante líquido que prefieras

PARA ELABORAR LAS BARRITAS: Tritura todos los ingredientes juntos en la picadora hasta que la mezcla empiece a adquirir una textura compacta. Extiéndela y presiónala en la base de un molde cuadrado de 23 cm de lado forrado con papel vegetal y refrigéralo 2 o 3 horas, hasta que adquiera consistencia.

PARA ELABORAR EL SIROPE DE COCO: Mezcla los ingredientes hasta que la mezcla resulte homogénea. Saca el molde del frigorífico y desmolda el cuadrado de barritas energéticas. Córtalo en barritas individuales y riégalas con el sirope de coco. Espera a que el aceite de coco vuelva a solidificarse y ya podrás hincarles el diente. Se conservan bien una semana en el frigorífico o en el congelador.

Vasitos de tahíni rellenos de crema de café

Sencillos, sublimes, estilosos y simplemente deliciosos (perdón por la aliteración y la rima fácil). Sé que no todo el mundo es tan goloso como yo, así que esta receta es para esas personas. El tahíni está buenísimo, pero es algo amargo. Su intenso sabor a frutos secos (por las semillas de sésamo con que se elabora esta pasta) combina a la perfección con alimentos salados. Sin embargo, ese amargor que recuerda a los frutos secos también queda muy bien en muchos postres. Aquí lo combinamos con sal y aceite de coco para elaborar una cobertura que rellenaremos con una dulce crema de dátiles y café. Si no eres capaz de describir lo ricos que están estos vasitos de tahíni, probablemente es porque tengas la boca llena de esta delicia... Mmm... ¡Otra vez no he podido evitarlo!

> Para 6 unidades

VASITOS DE TAHÍNI

80 g (⅓ de taza) de tahíni

80 ml (⅓ de taza) de aceite de coco derretido

CREMA DE CAFÉ

175 g (1 taza) de dátiles sin hueso

118 ml (½ taza) de café fuerte ya hecho, o la cantidad necesaria

Sal

PARA ELABORAR LOS VASITOS: Mezcla los ingredientes a mano o en una picadora hasta que la mezcla resulte suave y homogénea. Quedará un poco líquida, pero el aceite de coco hará que se endurezca en el frigorífico. Vierte la mitad de la mezcla en la base de 6 moldes de papel para magdalenas y refrigéralos unos 20 minutos, o hasta que la mezcla se solidifique. Reserva la otra mitad de la mezcla de tahíni.

PARA ELABORAR EL RELLENO: Tritura los dátiles con el café en la picadora hasta obtener una mezcla homogénea muy espesa, añadiendo café según sea necesario. Esto podría requerir unos minutos, y es posible que tengas que parar la picadora para limpiar las paredes varias veces de modo que todo se mezcle homogéneamente.

MONTAJE: Dispón una cucharada del relleno sobre las bases endurecidas, en los moldes. Vierte por encima una cantidad suficiente de la mezcla de tahíni reservada para cubrir por completo el relleno. Mete los vasitos de nuevo en el frigorífico unos 20 minutos, o hasta que se solidifiquen. Luego esparce un poco de sal por encima y ¡a por ellos!

Bocaditos de fudge

Suculentos dátiles Medjool rellenos de diversas cremas de frutos secos y recubiertos de chocolate crudo y semillas de sésamo, coco y frutos secos picados. ¿Se te ocurre algo más sugerente y sencillo? A mí no. Yo usé tahíni, crema de almendra y crema de cacahuete para los tres rellenos, cada uno con su sabor particular. Como su nombre indica, estos bocaditos recuerdan a un fudge de chocolate y frutos secos, gracias a la dulce gomosidad de los dátiles. Mmm... Se me hace la boca agua...

> Para 3 unidades

3 dátiles Medjool grandes, sin hueso

½ cucharadita de cada una de tus tres cremas de frutos secos crudos favoritas

De 30 a 45 ml (2 o 3 cucharadas) de chocolate crudo líquido (página 209)

Semillas de sésamo, como cobertura

Coco rallado sin endulzar, como cobertura

Frutos secos picados, como cobertura

Rellena cada dátil con cada una de las cremas de frutos secos. Báñalos en el chocolate y, a continuación, pásalos por las coberturas. Mételos en el frigorífico 30 minutos para que el chocolate se endurezca. ¡Déjate sorprender!

Halva hippie

Aquí he optado por una sencilla receta básica de halva, pero puedes añadir otros ingredientes, como aceite de coco, cacao crudo, pistachos o jarabe de arce. Con tan solo dos ingredientes, primero destaca la cálida cremosidad de las semillas de sésamo, seguida por el sutil dulzor de los dátiles. La sal es opcional, aunque resulta increíble cómo realza los sabores.

> Para 4-6 unidades

145 g (1 taza) de semillas de sésamo crudas descascarilladas
175 g (½ taza) de dátiles sin hueso
Sal
Coco deshidratado molido, como cobertura

Tritura las semillas de sésamo en la picadora hasta obtener una crema de sésamo (también conocida como tahíni). Esto requiere unos minutos y es posible que tengas que parar varias veces, pero ¡ten paciencia! Acabarás consiguiendo una crema espesa, créeme. Añade los dátiles (y sal al gusto, si decides usar) y tritúralo todo hasta que la mezcla resulte homogénea y espesa. Extiéndela y presiónala en un molde rectangular hondo pequeño. Refrigérala varias horas, hasta que adquiera consistencia. Luego córtala en cuadraditos y pásalos por el coco molido para crear un efecto de cobertura de azúcar glas.

Trufas de pacanas y sésamo con camu camu, naranja y vainilla

En esta receta suceden muchas cosas, pero todas ellas combinan a las mil maravillas. En realidad, cuando puse en marcha la picadora mi idea era hacer unas sencillas trufas de naranja, pero la espontaneidad hizo de las suyas. Acabé añadiendo diferentes ingredientes y el resultado fue excelente. Pasa las trufas acabadas por diferentes coberturas en polvo para añadir un toque de contraste.

> Para 6 trufas muy grandes

100 g (1 taza) de pacanas crudas

El zumo de 1 naranja

2 cucharaditas de camu camu en polvo, y un poco más adicional

1 cucharadita de vainilla en polvo, y un poco más adicional

145 g (1 taza) de uvas pasas

72 g (½ taza) de semillas de sésamo

43 g (½ taza) de coco rallado sin endulzar

Canela molida (opcional)

Tritura las pacanas en la picadora hasta obtener una harina. Añade todos los demás ingredientes -excepto las semillas de sésamo, el coco y la canela-, y tritúralo todo hasta que empiece a formarse una bola húmeda. Agrega las semillas de sésamo. Si la mezcla resulta aún demasiado húmeda, añade un poco más de algún ingrediente en polvo adicional. Forma bolitas con la mezcla, con las manos o con la ayuda de una cuchara para helados. Recúbrelas con la cobertura que más te apetezca; yo usé camu camu en polvo, vainilla en polvo, semillas de sésamo, coco deshidratado y canela.

Sándwiches de pan de manzana con crema de almendra y mermelada

¡A merendar! Esta receta es un viaje a la infancia. El pan de manzana, una delicia de por sí, combina de maravilla con la suavidad de la crema de almendra y el dulzor refrescante de la mermelada. A los niños les encantará como desayuno o merienda, especialmente si lo acompañamos de un vaso de leche de almendra fresquita. Si prefieres, puedes usar crema de cacahuete, para mayor fidelidad a la receta original tan popular en Estados Unidos.

> Para unos 4 sándwiches

PAN DE MANZANA

145 g (1 taza) de almendras crudas

175 g (1 taza) de dátiles sin hueso

1 manzana, pelada y descorazonada

MERMELADA

145 g (1 taza) de frutas del bosque

3 dátiles sin hueso

10 g (1 cucharada) de semillas de chía

Zumo de limón recién exprimido, agua o un endulzante líquido (opcional)

Crema de almendras crudas, crema de cacahuetes crudos o cualquier otra crema de frutos secos crudos

Plátanos, en rodajas

PARA ELABORAR EL PAN DE MANZANA: Tritura las almendras en la picadora hasta obtener una harina. Añade los dátiles y la manzana, y tritúralo todo hasta que empiece a adquirir una textura compacta y se forme una bola. Extiende bien la masa en las bandejas del deshidratador y deshidrátala de 4 a 6 horas, hasta que el pan resulte flexible y puedas cortarlo en rebanadas. Como alternativa, puedes ponerlo en el horno a la temperatura mínima.

PARA ELABORAR LA MERMELADA: Tritura las frutas del bosque con los dátiles. Luego añade las semillas de chía para que la mezcla adquiera una textura gelatinosa. Si queda demasiado líquida, añade más semillas de chía. Si queda demasiado espesa, agrega un poco de zumo de limón, agua o un endulzante líquido.

Unta las rebanadas de pan de manzana con crema de almendra y mermelada. Añade unas rodajas de plátano al sándwich. ¡Delicioso!

Pirámides milagrosas de maca rellenas de chocolate y bayas de goji

Estos deliciosos tentempiés te aportan energía para todo el día. La maca y el cacao son excelentes para la actividad cerebral, para el equilibrio hormonal y para la circulación.

> Para 3 pirámides

TRIÁNGULOS DE MACA

40 g (2 cucharadas) de jarabe de arce puro

15 g (2 cucharadas) de maca en polvo

30 ml (2 cucharadas) de aceite de coco

RELLENO DE CHOCOLATE

15 g (2 cucharadas) de cacao crudo en polvo

38 g (2 cucharadas) de manteca de cacao crudo

40 g (2 cucharadas) del endulzante líquido que prefieras

28 g (¼ de taza) de bayas de goji

PARA ELABORAR LOS TRIÁNGULOS: Mezcla todos los ingredientes juntos hasta obtener una mezcla suave y homogénea. Extiéndela uniformemente sobre papel vegetal y refrigérala hasta que se solidifique. Con la ayuda de cortapastas triangulares, corta la masa en triángulos. Vuelve a meterlos en el frigorífico.

PARA ELABORAR EL RELLENO: Mezcla todos los ingredientes juntos -excepto las bayas de goji- hasta que la mezcla resulte suave y homogénea. Incorpora las bayas de goji. Ahora une con cuidado los triángulos para formar una pirámide. Antes de terminarla con la base, rellénala con la mezcla de chocolate. Por último, añade el triángulo final de la pirámide. Deja reposar las pirámides en el frigorífico... o cómetelas inmediatamente.

Galletas de chocolate crudo rellenas de crema de anacardo y vainilla

¡Son fantásticas! Me encanta recrear dulces populares porque mucha gente puede identificarse con ellos y entusiasmarse con la idea de una versión saludable de sus dulces favoritos. Porque ¿a quién no le gustan las galletas Oreo? Lo que a mí no me gusta es su larga lista de ingredientes procesados, así que aquí tienes una receta simplificada de Oreo a base de ingredientes saludables, como avena, anacardos, dátiles y cacao. Revive tu infancia y moja un par de galletas en un vaso de leche vegana.

> Para unas 10 galletas

GALLETAS

68 g (¾ de taza) de avena

175 g (1 taza) de dátiles sin hueso

15 g (2 cucharadas) de cacao crudo en polvo

RELLENO DE VAINILLA

73 g (½ taza) de anacardos crudos

50 g (2 ½ cucharadas) de jarabe de arce puro

30 ml (2 cucharadas) de aceite de coco derretido

1 cucharadita de extracto de vainilla

PARA ELABORAR LAS GALLETAS: Tritura la avena en la picadora hasta obtener una harina gruesa. Añade los dátiles y el cacao, y tritúralo todo hasta que se forme una masa ligeramente pegajosa. Si queda demasiado seca, agrega más dátiles. Con la ayuda de un rodillo, extiende la masa sobre papel vegetal, de modo que te quede una lámina tan fina como sea posible. Corta galletas con un cortapastas hasta gastar toda la masa. Opcionalmente puedes deshidratarlas unas horas, o hasta que se endurezcan, para así conseguir una textura crujiente como la de las originales.

PARA ELABORAR EL RELLENO: Tritura todos los ingredientes juntos hasta obtener una mezcla suave y homogénea; es posible que tengas que añadir un poco de agua para que resulte cremosa. Refrigera el relleno 3 o 4 horas, hasta que se espese.

MONTAJE: Extiende el relleno de vainilla uniformemente sobre la mitad de las galletas. Coloca la otra mitad de las galletas encima.

Galletas rellenas de crema de menta con cobertura de chocolate

Esta receta es una de mis favoritas. Y creo que también se convertirá en una de tus opciones predilectas. Combina tres texturas y tres sabores diferentes, con un resultado sublime.

> Para unas 9 galletas

GALLETAS

100 g (1 taza) de pacanas crudas

132 g (¾ de taza) de dátiles sin hueso

15 ml (1 cucharada) de aceite de coco derretido

CREMA DE MENTA

60 ml (¼ de taza) de aceite de coco

Aceite esencial de menta

COBERTURA DE CHOCOLATE

23 g (3 cucharadas) de cacao crudo en polvo

45 ml (3 cucharadas) de manteca de cacao crudo derretida

20 g (1 cucharada) de jarabe de arce puro

PARA ELABORAR LAS GALLETAS: Tritura las pacanas en la picadora hasta obtener una harina. Añade los dátiles y el aceite de coco derretido, y tritúralo todo hasta que la mezcla empiece a adquirir una textura compacta. Forma una bola con la masa tosca resultante y extiéndela con el rodillo sobre papel vegetal hasta que tenga un grosor de 0,25 cm aproximadamente. Corta las galletas con un cortapastas y refrigéralas unas 2 horas, o hasta que adquieran consistencia.

PARA ELABORAR LA CREMA DE MENTA: Pon en la picadora el aceite de coco y aceite esencial de menta al gusto, y mézclalo sin parar hasta que el aceite de coco adquiera una textura suave y el aceite de menta se haya incorporado por completo. Extiende un poco de la mezcla sobre la mitad de las galletas y luego cúbrelas con las galletas restantes. Refrigéralas toda la noche.

PARA ELABORAR LA COBERTURA DE CHOCOLATE: Mezcla todos los ingredientes hasta obtener una mezcla suave y homogénea. Sumerge las galletas hasta la mitad, colócalas sobre papel vegetal y mételas en el frigorífico para que el chocolate se solidifique rápidamente. Unos minutos después estarán listas para su degustación.

Galletas de crema de cacahuete

Las galletas de crema de cacahuete son muy populares en Canadá y Estados Unidos. A mí me han encantado siempre, dada mi pasión por la crema de cacahuete, así que pensé que sería una buena idea crear una versión crudivegana para satisfacer mis antojos nostálgicos. ¡Y esta receta da en el clavo! Puedes usar la crema de frutos secos que prefieras; con la de anacardos, por ejemplo, quedan unas galletas riquísimas. La sal esparcida por encima es opcional, pero aporta otra textura y potencia el sabor. Es mejor comérselas el día siguiente de hacerlas; ¡están más buenas!

> Para 9-12 galletas

145 g (1 taza) de almendras crudas
87 g (⅓ de taza) de crema de cacahuetes crudos
175 g (1 taza) de dátiles Medjool sin hueso
½ cucharadita de extracto de vainilla
Sal, para espolvorear

Tritura las almendras en la picadora hasta obtener una harina. Añade los demás ingredientes —excepto la sal— y tritúralo todo junto hasta que se forme una masa grumosa. Forma bolitas con la masa y aplástalas suavemente. Con un tenedor hazles las características marcas de las clásicas galletas de crema de cacahuete norteamericanas, y esparce un poco de sal por encima. Refrigéralas toda la noche.

Galletas reconfortantes de algarroba

Como su nombre indica, estas galletas te reconfortan y te hacen feliz, ¡sin ningún sentimiento de culpa! Su sabor me recuerda un poco a esas «galletas digestivas» que tanto gustan. Al deshidratarlas, adquieren una textura similar a las galletas horneadas. Experimenta con diferentes frutos secos, o prueba a sustituir el trigo sarraceno por avena. Esta receta permite muchas adaptaciones; por ejemplo, puedes añadir jengibre o canela molida a la masa, o cambiar los ingredientes de la cobertura. ¡Hay un sinfín de posibilidades deliciosas!

> Para 4 galletas grandes

GALLETAS

85 g (½ taza) de trigo sarraceno

50 g (½ taza) de pacanas crudas

175 g (1 taza) de dátiles sin hueso

COBERTURA DE ALGARROBA

45 ml (3 cucharadas) de aceite de coco derretido

23 g (3 cucharadas) de algarroba en polvo

60 g (3 cucharadas) del endulzante líquido que prefieras

Frutos secos crudos picados finos, para decorar

PARA ELABORAR LAS GALLETAS: Tritura el trigo sarraceno con las pacanas hasta obtener una harina. Añade los dátiles y tritúralo todo junto hasta que la mezcla adquiera una textura compacta. Extiende la masa con un rodillo y recórtala en forma de galletas. Deshidrátalas 5 horas, o hasta que se endurezcan un poco. El proceso de deshidratación es opcional, pero es una buena idea porque les da la textura de unas galletas horneadas, je je.

PARA ELABORAR LA COBERTURA: Mezcla bien todos los ingredientes. Extiende la cobertura sobre las galletas y esparce por encima unos frutos secos picados. ¡Ñam!

Galletas crudiveganas de avena con cacao y uvas pasas

¿Añoras las galletas de avena con pasas? ¡Esta receta es para ti! La avena y la maca crean una base sustanciosa que recuerda al caramelo; se añade un endulzante y se completan con nibs de cacao y uvas pasas. Si quieres, puedes deshidratarlas para conseguir una textura más auténtica de galleta recién horneada. Pero también puedes comerlas tal cual y disfrutar de un nutritivo y dulce bocado. ¡Te encantarán!

> Para 7 galletas muy grandes

68 g (¾ de taza) de avena

60 g (3 cucharadas) del endulzante líquido que prefieras

45 ml (3 cucharadas) de aceite de coco derretido

15 g (2 cucharadas) de maca en polvo

15 g (2 cucharadas) de nibs de cacao crudo

35 g (¼ de taza) de uvas pasas

Tritura la avena en la picadora hasta obtener una harina. Añade el endulzante líquido, el aceite de coco y la maca, y tritúralo todo junto hasta que la mezcla adquiera una textura compacta. Incorpora los nibs de cacao y las uvas pasas a mano. Forma bolitas con la masa, con las manos o con la ayuda de una cuchara para helados. Refrigéralas 3 horas. Puedes comerte las galletas tal cual, sin necesidad de esperar más, o puedes deshidratarlas durante 4 o 5 horas para que mantengan la forma y disfrutarlas calentitas.

capítulo 3

Tartas y tartaletas

JUNTO CON LOS PASTELES, LAS TARTAS Y TARTALETAS son mi postre favorito de hacer, por las mismas razones más o menos. Una tarta arranca una sonrisa a cualquiera. Es un motivo de reunión para disfrutar de algo dulce, saludable y delicioso, y siempre puede ser objeto de admiración y tema de conversación. Me encanta ver cómo reacciona la gente cuando saco a la mesa una tarta de aspecto pecaminoso y les digo que es supersaludable.

Yo me lo paso muy bien elaborando una tarta: primero se trabaja una sencilla base en la picadora, luego se extiende con cuidado en el molde, se preparan una o varias capas de relleno y se extienden sobre la base, se refrigera un poco y, por último, se decora al gusto. Son unos pasos sencillos, pero el resultado es un postre riquísimo que será el centro de todas las miradas. Yo me esfuerzo por poner mucho cariño en todas las recetas que preparo, y seguro que eso la gente lo nota. Pero también es verdad que solo ven una tarta de lo más apetitosa y no pueden evitar abalanzarse sobre ella.

En mi caso, tengo diferentes moldes para tartas y tartaletas. Usa los que tú tengas; simplemente puede que el resultado presente una forma diferente, pero eso es todo. Intenta consumir estas tartas y tartaletas en unos cinco días como máximo, porque no aguantan demasiado y muchas recetas incluyen fruta fresca. De todos modos, no creo que eso suponga ningún problema, ¿a que no?

Tarta de la selva con base de chocolate y relleno de plátano y coco

Cacao aparte, imagino que a los monos de la selva les encantaría esta tarta, pues les chiflan los plátanos y los cocos, ¡tanto como a mí! Esta receta rebosa de grasas saludables, nutrientes energéticos, intensos sabores y amor a raudales. Si riegas la tarta con un poco de crema de chocolate a modo de decoración, conseguirás el éxtasis total. Podrías usarla como una buena crema exfoliante hidratante para la piel. Pero yo te recomiendo que obsequies a tus papilas gustativas con este capricho.

> Para 1 tarta de 8 a 10 raciones

BASE

133 g (1 taza) de nueces del Brasil crudas
8 g (1 cucharada) de cacao crudo en polvo
175 g (1 taza) de dátiles sin hueso

CAPA DE PLÁTANO

2 o 3 plátanos

CAPA DE COCO

255 g (3 tazas) de coco rallado sin endulzar
85 g (¼ de taza) de sirope de agave
60 ml (¼ de taza) de aceite de coco derretido

CREMA DE CHOCOLATE

Chocolate crudo líquido (página 209)

PARA ELABORAR LA BASE: Tritura las nueces del Brasil en la picadora hasta obtener una harina. Añade el cacao y los dátiles, y tritúralo todo junto hasta que empiece a adquirir una textura compacta. Extiende y presiona la mezcla contra la base y las paredes de un molde para tarta, y mételo en el frigorífico.

PARA ELABORAR LA CAPA DE COCO: Tritura 170 g (2 tazas) del coco hasta que tenga una consistencia similar a la de la manteca de coco. Tardará varios minutos, y tampoco hace falta que quede extrasuave. Luego añade los demás ingredientes, incluido el coco restante, y tritúralo todo junto hasta que la mezcla resulte homogénea.

Corta los plátanos en rodajas y disponlas sobre la base. Extiende por encima la mezcla de coco, de modo que el plátano quede bien recubierto. Refrigera la tarta 1 o 2 horas, o hasta que adquiera consistencia. Por último, riégala con la crema de chocolate y ya puedes servirla.

Tarta de frutas preciosas con caramelo de almendra

Las frutas del bosque congeladas parecen piedras preciosas, un símil que se realza en esta receta. Además, aquí te propongo un reto: a ver si eres capaz de no comerte todo el caramelo de almendra antes de rellenar la tarta.

> Para 1 tarta de 8 raciones

BASE

200 g (2 tazas) de nueces crudas

290 g (2 tazas) de uvas pasas

CARAMELO DE ALMENDRA

64 g (¼ de taza) de crema de almendras crudas

60 ml (¼ de taza) de aceite de coco derretido

85 g (¼ de taza) de jarabe de arce puro

½ cucharadita de canela molida

Agua

DECORACIÓN

765 g (3 tazas) de frutas del bosque congeladas (o tantas como quieras)

55 g (½ taza) de bayas de goji

PARA ELABORAR LA BASE: Tritura las nueces en la picadora hasta obtener una harina gruesa. Añade las uvas pasas y tritúralo todo hasta que adquiera una consistencia de masa compacta. Extiéndela y presiónala contra la base y las paredes de un molde para tarta. Refrigérala unas 2 horas, hasta que se endurezca.

PARA ELABORAR EL RELLENO: Tritura todos los ingredientes del caramelo de almendra hasta obtener una mezcla suave y homogénea, añadiendo agua según sea necesario. Extiéndela con cuidado sobre la base y vuelve a meter la tarta en el frigorífico de 30 a 60 minutos, hasta que se solidifique el relleno. Ahora termina la tarta cubriéndola con las frutas del bosque y las bayas de goji. Córtala en porciones y sírvela.

Tarta de pacanas y jarabe de arce

A mi padre le encanta la tarta de pacanas tan típica del Día de Acción de Gracias en Estados Unidos, así que decidí probar una versión crudivegana para él. ¡Todo un éxito! Se trata de una receta muy consistente, así que bastará con una porción pequeña. Puedes prepararla para Navidad, o para cualquier ocasión especial. De hecho, esta tarta se merece una celebración de por sí.

> Para 1 tarta de 8 a 10 raciones

BASE
100 g (1 taza) de pacanas crudas
175 g (1 taza) de dátiles sin hueso

RELLENO
130 g (½ taza) de crema de anacardos crudos
118 ml (½ taza) de aceite de coco
175 g (1 taza) de dátiles sin hueso
½ cucharadita de extracto de vainilla
20 g (1 cucharada) de jarabe de arce puro
43 g (½ taza) de coco rallado sin endulzar
Una pizca de sal

DECORACIÓN
Pacanas crudas enteras

PARA ELABORAR LA BASE: Tritura las pacanas en la picadora hasta obtener una harina. Añade los dátiles y tritúralo todo junto hasta que la mezcla adquiera una textura compacta. Extiéndela y presiónala contra la base y las paredes de un molde para tarta, y mételo en el frigorífico.

PARA ELABORAR EL RELLENO: Tritura todos los ingredientes juntos hasta obtener una mezcla suave y homogénea. Extiéndela sobre la base y dispón las pacanas por encima. Refrigera la tarta otras 2 horas o toda la noche. Y estará lista para cortarla en porciones y disfrutarla.

Tartaletas de fruta (sin frutos secos, sin coco, sin grasas)

Los únicos ingredientes de estas tartaletas son fruta, fruta y más fruta. Puedes comerte tantas como quieras. ¿Por qué no prepararlas para la cena? Yo lo hice.

> Para 2 tartaletas grandes

BASE

175 g (1 taza) de dátiles Medjool sin hueso

RELLENO

145 g (1 taza) de arándanos negros, fresas o frambuesas

88 g (½ taza) de dátiles sin hueso

DECORACIÓN

¡Más frutas del bosque!

PARA ELABORAR LA BASE: Aplasta los dátiles en moldes para tartaletas forrados con papel vegetal para formar una «base» compacta. (Sí, lo sé, más fácil imposible).

PARA ELABORAR EL RELLENO: Tritura la fruta con los dátiles hasta obtener una mezcla homogénea y espesa. Extiéndela sobre la base de las tartaletas y termínalas con más frutas del bosque. ¿A qué esperas para hincarles el diente?

Tarta de limón con nata de coco montada y pacanas

Llevé esta tarta a la fiesta de cumpleaños de una amiga y en la bandeja no quedó ni una migaja. El sabor del limón tiene algo especial, una combinación de frescor, acidez y dulzor llevada a la perfección por la naturaleza y que puede apreciarse en esta receta.

> Para 1 tarta de 8 raciones

BASE

90 g (1 taza) de avena

263 g (1 ½ tazas) de dátiles sin hueso

RELLENO

183 g (1 ¼ tazas) de anacardos crudos

El zumo de 5 limones

175 g (1 taza) de dátiles sin hueso

30 ml (2 cucharadas) de aceite de coco derretido

DECORACIÓN

Nata de coco (página 207)

28 g (¼ de taza) de pacanas crudas picadas

PARA ELABORAR LA BASE: Tritura la avena en la picadora hasta obtener una harina. Añade los dátiles y tritúralo todo hasta obtener una masa tosca que se compacte al presionarla. Extiéndela y presiónala contra la base y las paredes de un molde para tarta, y mételo en el frigorífico.

PARA ELABORAR EL RELLENO: Tritura todos los ingredientes juntos hasta obtener una mezcla suave y homogénea. Extiéndela sobre la base de forma uniforme. Extiende por encima la nata de coco y refrigera de nuevo la tarta toda la noche para que adquiera consistencia. Luego esparce por encima las pacanas picadas. ¡Ñam!

Crujiente de almendra y ruibarbo con glaseado de jarabe de arce y orégano

Me preocupaba un poco la idea de usar ruibarbo crudo en un postre, pero quedé encantada con el resultado. Si lo dejas marinar en algún endulzante toda la noche, queda más tierno, más dulce y muy rico. Mi plan inicial para el ruibarbo era una tarta, pero luego pensé que un crujiente deconstruido sería más divertido. Las combinaciones de sabores de esta receta me parecen divinas, pero lo mejor será que cada uno juzgue por sí mismo. Es un postre ideal para rematar una buena comida, quizá acompañado de un vino blanco bien fresquito (¿o tal vez un cóctel de orégano y jarabe de arce?).

> Para 5 o 6 raciones

CAPA DE RUIBARBO

Unos 240 g de ruibarbo

85 g (¼ de taza) de jarabe de arce puro u otro endulzante líquido

Un puñado de hojas de orégano fresco, picadas finas

CAPA CRUJIENTE

97 g (⅔ de taza) de almendras crudas

117 g (⅔ de taza) de dátiles sin hueso

½ cucharadita de extracto de vainilla

½ cucharadita de canela molida

PARA PREPARAR EL RUIBARBO: Corta los tallos de ruibarbo por la mitad longitudinalmente. Ponlos en una fuente plana y cúbrelos con el jarabe de arce y el orégano. Puedes meterlo en el horno a la temperatura mínima varias horas y luego reservarlo en un lugar caliente toda la noche, o bien usar un deshidratador. De este modo el ruibarbo quedará mucho más tierno y dulce, y encogerá. Una vez que el ruibarbo esté listo, córtalo en trocitos y resérvalo. En la fuente te habrá quedado una mezcla de jarabe de arce y orégano: será el glaseado.

PARA ELABORAR LA CAPA CRUJIENTE: Tritura las almendras en la picadora hasta obtener una harina. Añade los demás ingredientes y tritúralo todo hasta que empiece a adquirir una textura compacta. Reparte la mezcla en la base de moldes cortapastas y dispón encima los trozos de ruibarbo, presionando ambas cosas para que todo se compacte dentro del molde. Luego retira con cuidado el molde. Tendrás unas bonitas torres crujientes con ruibarbo. Riégalas con el glaseado. ¡Que aproveche!

Tarta crujiente de melocotón

Me he inspirado en una receta tradicional y lo que he hecho es descartar los ingredientes que prefiero evitar (como lácteos, harina procesada y azúcar refinada). Esta tarta es mejor comerla el mismo día que se prepara, ya que el relleno no es más que melocotón troceado. A pesar de la que se lía a la hora de servirla, es una receta perfecta para una fiesta veraniega al aire libre. ¡Que la disfrutes!

> Para 1 tarta de 8 raciones

BASE Y COBERTURA

218 g (1 ½ tazas) de almendras crudas
263 g (1 ½ tazas) de dátiles sin hueso
Canela molida
Nuez moscada molida

RELLENO

De 4 a 6 melocotones maduros

PARA ELABORAR LA BASE: Tritura 145 g (1 taza) de las almendras en la picadora hasta obtener una harina. Añade 175 g (1 taza) de los dátiles y un poco de canela y de nuez moscada, y tritúralo todo junto. Extiende y presiona esta mezcla contra la base y las paredes de un molde adecuado. Tritura las almendras y los dátiles restantes hasta obtener una mezcla desmigajada.

Retira el hueso de los melocotones y trocéalos en dados o como más te guste. Disponlos sobre la base y luego esparce por encima la mezcla crujiente. Corta la tarta en porciones de la forma más limpia posible, sírvela y sonríe.

Tarta de plátano y chocolate con nata

Recuerdo la primera vez que hice esta tarta. La probamos todos después de una cena en familia y... ¡flipamos!

> Para 1 tarta de 10 a 12 raciones

BASE

145 g (1 taza) de pacanas crudas

100 g (1 taza) de nueces crudas

175 g (1 ½ tazas) de dátiles sin hueso o 145 g (1 taza) de uvas pasas

Una pizca de sal

½ cucharadita de extracto de vainilla

RELLENO

3 plátanos

65 g (¼ de taza) de crema de anacardos crudos

30 ml (2 cucharadas) de aceite de coco derretido

85 g (¼ de taza) de jarabe de arce puro

60 ml (¼ de taza) de leche vegana (usa la mínima cantidad posible)

1 cucharadita de extracto de vainilla

30 g (¼ de taza) de cacao crudo en polvo

Una pizca de sal

NATA DE COCO MONTADA

1 lata (400 ml) de leche de coco entera, refrigerada 48 horas

⅛ de cucharadita de estevia o azúcar glas sin refinar

Las semillas de 1 vaina de vainilla

PARA ELABORAR LA BASE: Tritura los frutos secos en la picadora hasta obtener una harina gruesa. Añade los dátiles y los demás ingredientes, y tritúralo todo junto hasta obtener una mezcla de textura compacta. Extiéndela y presiónala contra la base y las paredes de un molde para tarta, y mételo en el congelador.

PARA ELABORAR EL RELLENO: Reserva 1 plátano. Tritura todos los demás ingredientes juntos hasta obtener una mezcla suave y homogénea. Déjala reposar y espesar en el frigorífico. Cuando esté lo suficientemente espesa, extiéndela sobre la base. Corta el plátano reservado en rodajas y disponlas por encima. Refrigera la tarta.

PARA ELABORAR LA NATA DE COCO MONTADA: Al estar en el frigorífico, la leche de coco debería haber formado una capa de grasa sólida que encontrarás en la parte superior al abrir la lata. Retira esta grasa de coco con una cuchara y pásala a un bol refrigerado. Móntala hasta que se formen picos firmes, añadiendo las semillas de vainilla y el endulzante a tu gusto. Extiende la nata por encima de la tarta y deja que adquiera consistencia en el frigorífico unas horas. Si no eres capaz de esperar, también puedes atacar la tarta al momento.

Tarta de almendra, jengibre y romero con relleno de coco y chía y caramelo de almendra

Bueno, bueno... Esta sencilla receta ensucia poco y puede improvisarse rápidamente una tarde para disfrutarla ese mismo día como postre. Me encanta la combinación de la almendra y el coco con el jengibre y el romero, así que aquí combino todos estos ingredientes, junto con un dulce pudin de chía y coco para el relleno. Y si aún no te parece bastante tentadora, riégala con un poco de caramelo de almendra y será irresistible. Por supuesto, puedes sustituir las almendras por cualquier otro fruto seco, a tu gusto.

> Para 1 tarta pequeña de unas 4 raciones

BASE

110 g (¾ de taza) de almendras crudas
132 g (¾ de taza) de dátiles sin hueso
8 g (1 cucharada) de jengibre fresco rallado
Un puñadito de hojas de romero

RELLENO

20 g (2 cucharadas) de semillas de chía
20 g (1 cucharada) del endulzante líquido que prefieras
De 60 a 75 ml (4 o 5 cucharadas) de agua
10 g (2 cucharadas) de coco rallado sin endulzar
15 g (1 cucharada) de crema de almendras crudas

CARAMELO DE ALMENDRA

15 ml (1 cucharada) de crema de almendras crudas
20 g (1 cucharada) de jarabe de arce puro
15 ml (1 cucharada) de aceite de coco derretido

DECORACIÓN

Almendras
Hojas de romero fresco
Coco rallado sin endulzar

PARA ELABORAR LA BASE: Tritura las almendras en la picadora hasta obtener una harina. Añade los demás ingredientes y tritúralo todo hasta que empiece a adquirir una textura compacta. Extiende y presiona esta mezcla contra la base y las paredes de un molde desmontable pequeño (el mío mide 11,5 cm de diámetro), y mételo en el frigorífico.

PARA ELABORAR EL RELLENO: Mezcla todos los ingredientes juntos y reserva la mezcla unos minutos, hasta que las semillas de chía aporten una textura gelatinosa y espesa al relleno. Extiéndelo uniformemente sobre la base y refrigera la tarta 1 o 2 horas más, hasta que el relleno adquiera consistencia.

PARA ELABORAR EL CARAMELO: Mezcla todos los ingredientes juntos hasta obtener una mezcla suave y uniforme. Refrigérala unos 30 minutos para que se espese (el aceite de coco tiene que volver a solidificarse).

MONTAJE: Desmolda la tarta y colócala en una bandeja. Decórala con almendras, hojas de romero y coco rallado, y riégala con el caramelo. Córtala en porciones y sírvela.

Tartaletas de frutas del bosque con nata montada de coco y vainilla

De niña me encantaban las fresas con nata. Cuando decidí seguir una dieta vegana sin lácteos, me apenó tener que decir adiós a aquella dulce y deliciosa combinación. Pero entonces descubrí la nata de coco montada. En serio, es muchísimo mejor que la versión láctea, porque sabe a coco y, además, es más saludable. Si bien estrictamente hablando no es un producto crudo, no cabe duda de que vale la pena probarla. Estas tartaletas, divertidas de preparar, son ideales para una fiesta de verano al aire libre. Disfruta de los sencillos placeres que nos ofrece la naturaleza.

> Para 4 tartaletas

BASE

135 g (½ taza) de avellanas crudas
73 g (½ taza) de almendras crudas
175 g (1 taza) de dátiles sin hueso
½ cucharadita de extracto de vainilla

NATA DE COCO Y VAINILLA

1 lata (400 ml) de leche de coco entera, refrigerada 48 horas
Las semillas de 1 vaina de vainilla
Una pizca de estevia o azúcar sin refinar

DECORACIÓN

Frutas del bosque frescas, de cultivo ecológico y de proximidad

PARA ELABORAR LA BASE: Tritura los frutos secos en la picadora hasta obtener una harina. Añade los dátiles y la vainilla, y tritúralo todo hasta que se forme una masa de textura grumosa. Extiéndela y presiónala en moldes para tartaletas forrados con papel vegetal, y refrigéralos.

PARA ELABORAR LA NATA DE COCO: Al estar en el frigorífico, la leche de coco debería haber formado una capa de grasa sólida que encontrarás en la parte superior al abrir la lata. Retira esta grasa de coco con una cuchara y pásala a un bol refrigerado. Móntala hasta que se formen picos firmes, añadiendo las semillas de vainilla y el endulzante a tu gusto.

Rellena las bases de las tartaletas con la nata y decóralas con frutas del bosque por encima.

Tarta de plátano con chocolate, crema de cacahuete silvestre y jengibre confitado

Esta tarta vale su peso en oro. La suculencia de la crema de cacahuete, del chocolate y de los plátanos se combina con la textura de la base y el toque final del intenso sabor del jengibre en un bocado exquisito. Puedes usar la crema de frutos secos que prefieras (seguro que con tahíni quedará de muerte), pero a mí me encanta la clásica combinación de chocolate y crema de cacahuete... aunque sea de cacahuetes silvestres. La crema de cacahuete silvestre quizá es un poco más amarga, pero está deliciosa cuando te acostumbras a su sabor. Y nada más que añadir sobre esta receta. ¿A qué esperas para ponerte manos a la obra?

> Para 1 tarta de 8 a 10 raciones

BASE

145 g (1 taza) de almendras crudas

218 g (1 ½ tazas) de pasas de Esmirna

CAPA DE CHOCOLATE

60 ml (¼ de taza) de aceite de coco derretido

40 g (⅓ de taza) de cacao crudo en polvo

1 cucharadita de extracto de vainilla

De 15 a 30 ml (1 o 2 cucharadas) de leche vegana o agua

DEMÁS CAPAS

2 plátanos, en rodajas

130 g (½ taza) de crema de cacahuete silvestre

55 g (½ taza) de jengibre confitado, en rodajas

Sirope de agave, como cobertura

PARA ELABORAR LA BASE: Tritura las almendras en la picadora hasta obtener una harina gruesa. Añade las pasas y tritúralo todo hasta que la mezcla empiece a adquirir una textura compacta. Extiéndela y presiónala contra la base y las paredes de un molde adecuado, y mételo en el frigorífico.

PARA ELABORAR LA CAPA DE CHOCOLATE: Mezcla todos los ingredientes juntos hasta obtener una mezcla suave y homogénea.

MONTAJE: Dispón las rodajas de plátano sobre la base. Extiende por encima la crema de cacahuete en una capa uniforme y, a continuación, el chocolate. Recubre las rodajas de jengibre con sirope de agave y disponlas por encima de forma decorativa. Deja reposar la tarta en el frigorífico aproximadamente 1 hora antes de servirla. ¡Buen provecho!

Tarta de caramelo de chía y pacanas con crema de chocolate a la canela

Vivimos en un planeta maravilloso que nos ofrece delicias como esta.

> Para 1 tarta de 8 a 10 raciones

BASE

290 g (2 tazas) de frutos secos crudos o harina de trigo sarraceno

175 g (1 taza) de dátiles o ciruelas pasas sin hueso

½ cucharadita de sal

RELLENO

88 g (½ taza) de dátiles sin hueso

60 ml (¼ de taza) de aceite de coco derretido

62 g (6 cucharadas) de semillas de chía mezcladas con 177 ml (¾ de taza) de agua

½ cucharadita de extracto de vainilla

½ cucharadita de canela molida

218 g (1 ½ tazas) de uvas pasas

Agua

DECORACIÓN (OPCIONAL)

Pacanas crudas

Semillas de calabaza crudas

CREMA DE CHOCOLATE A LA CANELA

8 g (1 cucharada) de cacao crudo en polvo

15 g (1 cucharada) de crema de frutos secos crudos o aceite de coco derretido

20 g (1 cucharada) de jarabe de arce puro

½ cucharadita de canela molida

PARA ELABORAR LA BASE: Tritura los frutos secos en la picadora hasta que tengan textura de pan rallado. Añade los dátiles y la sal, y tritúralo todo hasta que la mezcla adquiera una textura compacta. Extiéndela y presiónala contra la base y las paredes de un molde para tarta, y mételo en el frigorífico.

PARA ELABORAR EL RELLENO: Reserva 72 g (½ taza) de uvas pasas y tritura todos los demás ingredientes juntos hasta obtener una mezcla suave y homogénea, añadiendo agua si es preciso. Pruébala y sentirás como si un ente divino te acariciara el paladar. Incorpora las pasas reservadas a mano y vierte la mezcla sobre la base. Refrigera la tarta 3 horas (o toda la noche) para que el relleno adquiera consistencia. Luego decórala con pacanas, semillas de calabaza y crema de chocolate. O no.

PARA ELABORAR LA CREMA DE CHOCOLATE: Mezcla todos los ingredientes juntos hasta que la mezcla resulte suave y homogénea. Riega la tarta con la salsa.

Tarta cítrica fresca con crema de limón

Esta tarta, dulce, jugosa y refrescante, es ideal para el verano. Me imagino saboreando las rodajas de pomelo, naranja y lima sobre una suave crema de limón en un prado verde y florido un día soleado, con unas bebidas bien frías. Aunque yo he optado por un tema cítrico en toda la receta, puedes usar las frutas que prefieras. Para la crema de limón recomiendo utilizar limones Meyer, porque son un poco más dulces que los normales.

> Para 1 tarta de 8 a 10 raciones

BASE

135 g (1 ½ tazas) de avena

263 g (1 ½ tazas) de dátiles sin hueso

CREMA DE LIMÓN

145 g (1 taza) de anacardos crudos

El zumo de 2 limones

40 g (2 cucharadas) de jarabe de arce puro

15 ml (1 cucharada) de aceite de coco derretido

CAPA DE CÍTRICOS

1 pomelo

1 naranja

1 lima o limón

PARA ELABORAR LA BASE: Tritura la avena en la picadora hasta obtener una harina gruesa. Añade los dátiles y tritúralo todo hasta que adquiera una textura compacta. Extiende y presiona la mezcla contra la base y las paredes de un molde para tarta, y mételo en el frigorífico.

PARA ELABORAR LA CREMA DE LIMÓN: Tritura todos los ingredientes juntos hasta obtener una mezcla suave y homogénea. Extiéndela de forma uniforme sobre la base y refrigera la tarta de nuevo aproximadamente 1 hora.

Pela las frutas y córtalas en rodajas, a tu gusto. Disponlas en una capa sobre la crema de limón y esparce por encima un poco de ralladura de limón o de naranja. ¡Que aproveche!

Gran tarta Oreo con nata de coco y vainilla y ganache de chocolate

¡Santo cielo! Estoy segura de que no creerás que una persona pueda ser siempre feliz. Pues te equivocas: si tienes esta tarta cerca en todo momento, nunca volverás a estar triste. Para rematar la faena, puedes decorar esta tarta con nuestra versión crudivegana de galletas Oreo (página 121).

> Para 1 tarta de 10 a 12 raciones

BASE

150 g (1 ½ tazas) de nueces crudas

263 g (1 ½ tazas) de dátiles sin hueso

15 g (2 cucharadas) de cacao crudo en polvo

NATA DE COCO Y VAINILLA

80 g (1 taza) de pulpa de coco verde fresco

145 g (1 taza) de anacardos crudos

60 g (3 cucharadas) del endulzante líquido que prefieras

Agua de coco u otro líquido (la mínima cantidad posible)

Las semillas de 1 vaina de vainilla

GANACHE DE CHOCOLATE

2 aguacates, pelados y sin hueso

45 ml (3 cucharadas) de aceite de coco derretido

60 g (3 cucharadas) del endulzante líquido que prefieras, u 88 g (½ taza) de dátiles sin hueso

18 g (2 cucharadas colmadas) de cacao crudo en polvo

1 cucharadita de extracto de vainilla

Coco rallado sin endulzar, para decorar

Nibs de cacao crudo, para decorar

PARA ELABORAR LA BASE: Tritura las nueces en la picadora hasta obtener una harina. Añade los dátiles y el cacao, y tritúralo todo junto hasta que adquiera una textura compacta. Extiende y presiona la mezcla contra la base y las paredes de un molde para tarta, y mételo en el frigorífico.

PARA ELABORAR LA NATA DE COCO Y VAINILLA: Tritura todos los ingredientes juntos hasta obtener una mezcla homogénea muy espesa. Si quieres, para ayudar a que se solidifique, puedes añadir un poco de aceite de coco. Extiende la nata sobre la base y refrigera la tarta de nuevo.

PARA ELABORAR EL GANACHE DE CHOCOLATE: Tritura todos los ingredientes juntos hasta obtener una mezcla homogénea y cremosa. Debe quedar bastante espesa, aunque luego espesará más gracias al aceite de coco. Extiende el ganache sobre la capa de nata de coco y vainilla y deja la tarta unas horas en el frigorífico para que se solidifique. Esparce un poco de coco rallado y nibs de cacao por encima, y ya puedes servir y devorar esta deliciosa tarta.

Tarta de calabaza de temporada

Esta fue una de mis primeras tartas crudas, y quedé tan contenta con el resultado que hice otra y la llevé a una fiesta crudívora que celebramos en el centro de la ciudad. No hace falta decir que en la fuente no quedó ni una migaja. Es una tarta perfecta para una celebración en invierno, o cuando sea tiempo de calabazas en tu zona. Sírvela con nata de coco montada (página 207) o helado crudivegano (página 196) como colofón perfecto.

> Para 1 tarta de 8 raciones

BASE

145 g (1 taza) de anacardos crudos

145 g (1 taza) de almendras crudas

175 g (1 taza) de dátiles sin hueso

35 g (¼ de taza) de uvas pasas

⅛ de cucharadita de sal

RELLENO DE CALABAZA

1 calabaza pelada, despepitada y cortada en dados (812 g [unas 7 tazas])

175 g (1 taza) de dátiles sin hueso

De 60 a 75 ml (4 o 5 cucharadas) de aceite de coco derretido

115 g (⅓ de taza) de jarabe de arce puro

Canela, nuez moscada, jengibre y clavo, todo molido, para aromatizar

PARA ELABORAR LA BASE: Tritura los frutos secos en la picadora hasta obtener una harina gruesa. Añade los dátiles, las uvas pasas y la sal, y tritúralo todo junto hasta que se forme una bola de textura compacta. Extiende y presiona la masa contra la base y las paredes de un molde para tarta, y refrigéralo.

PARA ELABORAR EL RELLENO DE CALABAZA: Tritura los dados de calabaza en la picadora tanto como te sea posible. Añade los demás ingredientes, y las especias al gusto, y tritúralo todo tanto como puedas. Pasa la mezcla a la batidora y tritúrala a máxima potencia para conseguir una textura bien fina, similar a la versión cocinada. Pruébala y añade lo que te parezca que falta. Extiende el relleno sobre la base y mete la tarta en el frigorífico toda la noche para que adquiera consistencia.

Tartaleta campestre de caramelo con pistachos, semillas de calabaza y abetos de chocolate

Un dibujo de Marc Johns donde declara su amor por los árboles *(I have a crush on trees)* fue mi inspiración para esta receta. Es adorable; búscalo por Internet y lo entenderás. A partir de ahí decidí que cada tartaleta sería un bosque en miniatura, muy simplificado. La base y el relleno de caramelo son el suelo; los pistachos y las semillas de calabaza, la hierba; y los abetos de chocolate son los árboles, claro. Puede ser algo difícil hacer los abetos con chocolate crudo casero, porque no es tan sólido a temperatura ambiente, así que quizá sea mejor comprar una tableta de chocolate crudo o negro para esta receta.

> Para 3 tartaletas grandes

BASE

145 g (1 taza) de almendras crudas

175 g (1 taza) de dátiles sin hueso

RELLENO

132 g (¾ de taza) de dátiles sin hueso

30 ml (2 cucharadas) de aceite de coco derretido

15 g (1 cucharada) de crema de almendras crudas

De 15 a 30 ml (1 o 2 cucharadas) de agua

Una pizca de sal (opcional)

DECORACIÓN

60 ml (¼ de taza) de chocolate crudo líquido (página 209)

18 g (2 cucharadas) de pistachos crudos picados

17 g (2 cucharadas) de semillas de calabaza crudas picadas

PARA ELABORAR LA BASE: Tritura las almendras en la picadora hasta obtener una harina. Añade los dátiles y tritúralo todo hasta que empiece a adquirir una textura compacta. Extiende y presiona la mezcla en moldes para tartaletas, y mételos en el frigorífico.

PARA ELABORAR EL RELLENO: Tritura todos los ingredientes juntos hasta obtener una mezcla muy suave y espesa. Rellena las bases de las tartaletas con la mezcla y mételas de nuevo en el frigorífico.

PARA ELABORAR LOS ABETOS DE CHOCOLATE: Llena una manga pastelera con el chocolate derretido y, con cuidado, dibuja abetos sobre papel vegetal. Mete el papel en el congelador unos minutos, hasta que los abetos se solidifiquen. Esparce las semillas de calabaza y los pistachos picados por encima de las tartaletas y luego clava los abetos. Si se caen, simplemente apila un montoncito de pistachos justo detrás de los troncos para sujetarlos. *Voilà*.

Tartaletas de helado de plátano con caramelo especiado

¡Qué delicia! La base de estos pastelitos sabe como las tartaletas de mantequilla tan típicas de la repostería canadiense, y el relleno recuerda al helado de bizcocho de plátano. Creo que no hace falta decir nada más, ¿no?

> Para 4 tartaletas grandes

BASE

145 g (1 taza) de pacanas crudas

145 g (1 taza) de uvas pasas

CARAMELO

88 g (½ taza) de dátiles sin hueso, en remojo con la cantidad justa de agua para cubrirlos

Sal (opcional)

½ cucharadita de nuez moscada molida

15 ml (1 cucharada) de aceite de coco derretido

Agua

HELADO

1 plátano, congelado

½ cucharadita de canela molida

½ cucharadita de vainilla en polvo

PARA ELABORAR LA BASE: Tritura las pacanas en la picadora hasta obtener una harina. Añade las pasas y tritúralo todo hasta que la mezcla adquiera una textura compacta. Extiéndela y presiónala en moldes para tartaletas, y mételos en el frigorífico.

PARA ELABORAR EL CARAMELO: Tritura todos los ingredientes juntos hasta obtener una mezcla suave y homogénea, añadiendo agua según sea necesario.

PARA ELABORAR EL HELADO: Trocea el plátano y tritúralo en la batidora, junto con la canela y la vainilla, hasta conseguir una textura muy espesa, blanca y cremosa (como un helado suave). Será cuestión de segundos; es posible que tengas que parar la batidora y empujar el plátano hacia las cuchillas para poder triturarlo del todo. Ahora rellena las tartaletas con el helado y unas cucharadas de caramelo. ¡Hay que comerse estas tartaletas enseguida porque el helado de plátano se derrite superrápido!

Tartaletas de fresas con nata

Las fresas con nata siempre son un acierto.

> Para unas 4 tartaletas pequeñas

BASE

145 g (1 taza) de pacanas crudas

175 g (1 taza) de dátiles sin hueso

NATA

145 g (1 taza) de anacardos crudos

30 ml (2 cucharadas) de aceite de coco derretido

20 g (1 cucharada) del endulzante líquido que prefieras

El zumo de 1 limón

1 cucharadita de extracto de vainilla

Agua (opcional)

DECORACIÓN

Fresas, sin el rabito y cortadas en rodajas

Coco deshidratado molido

PARA ELABORAR LA BASE: Tritura las pacanas en la picadora hasta obtener una harina. Añade los dátiles y tritúralo todo hasta que la mezcla empiece a adquirir una textura compacta. Extiéndela y presiónala en moldes para tartaletas, y mételos en el frigorífico.

PARA ELABORAR LA NATA: Tritura todos los ingredientes hasta obtener una mezcla suave y espesa, añadiendo agua si es preciso. Extiende la mezcla en las bases de las tartaletas y refrigéralas toda la noche. Al día siguiente, decóralas con las rodajas de fresa y el coco molido. ¡Buen provecho!

Tartaletas altas de crema de plátano Boston

Creé esta versión del típico pastel de crema Boston de forma algo improvisada durante mi participación en un episodio de la serie de YouTube *Sylvia's Vegan Kitchen*. La idea inicial era algo como la tarta Oreo (página 159), pero algunas cosas se torcieron -¿o quizá no?- y al final este fue el resultado. ¡Y no me arrepiento! Volví a hacer las tartaletas en casa y retoqué un poco la receta. Al probarlas, lo primero que pensarás será «esto está demasiado bueno para ser bueno». Pero luego te acordarás de que no llevan más que aguacate, cacao, plátano, dátiles y frutos secos. Sí, ¡el mundo es maravilloso!

> Para 4 tartaletas grandes

BASE

145 g (1 taza) de frutos secos crudos

175 g (1 taza) de uvas pasas o dátiles sin hueso

1 cucharadita de cacao crudo en polvo

PUDIN DE CHOCOLATE

1 aguacate, pelado y sin hueso

15 ml (1 cucharada) de aceite de coco derretido

8 g (1 cucharada) de cacao crudo en polvo

4 o 5 dátiles sin hueso, o 20 g (1 cucharada) del endulzante líquido que prefieras

CREMA DE PLÁTANO

1 plátano bien machacado con el tenedor

PARA ELABORAR LA BASE: Tritura los frutos secos en la picadora hasta obtener una harina. Añade las uvas pasas y el cacao, y tritúralo todo hasta que empiece a adquirir una textura compacta. Extiende y presiona la mezcla contra la base y las paredes de moldes grandes para cupcakes forrados con papel vegetal, y mételos en el frigorífico.

PARA ELABORAR EL PUDIN DE CHOCOLATE: Tritura todos los ingredientes juntos hasta obtener una mezcla suave y homogénea. Si queda demasiado espesa, añade una pizca de agua. Reserva la mitad del pudin. Reparte la otra mitad en la base de las tartaletas, formando un pequeño hueco en el centro. Dispón en ese hueco una cucharada de crema de plátano y termina de rellenar las tartaletas con el pudin de chocolate reservado. Deja reposar las tartaletas en el frigorífico 1 o 2 horas. Luego podrás devorarlas sin contemplaciones.

capítulo 4

Púdines y helados

LA PRIMERA VEZ QUE PROBÉ EL PUDIN DE AGUACATE Y CHOCOLATE casi me caigo de la silla. No me podía creer lo bueno que estaba y me zampé todo el bol de una sentada, aun a riesgo de volverme a caer en cualquier momento de puro deleite. Mis recetas de pudin suelen basarse en aguacates, plátanos o semillas de chía, pues estos ingredientes consiguen un resultado suave, además de aportar cada uno su sabor y textura característicos. Si no te gusta el sabor de alguno de estos ingredientes, o tienes alguna alergia, sustitúyelo por cualquiera de los otros. Ningún problema. Lo mejor es preparar estos púdines justo antes de servirlos, aunque también se conservan bien en el frigorífico un par de días. La verdad es que en mi casa nunca sobra pudin... ¡ya me encargo yo de acabarlo!

También me derrito por un buen helado crudivegano libre de lácteos. De acuerdo, dicho así, quizá no suena genial, pero es verdad. Me encantan estos helados... ¿más de la cuenta tal vez? ¡Qué va, nunca es demasiado! Podría decir que son ideales para los días de verano, pero lo cierto es que son perfectos para cualquier época del año. Recuerdo que, cuando empecé a seguir una dieta vegana, me entristecía la idea de renunciar a los helados, pues es uno de mis dulces favoritos. Luego descubrí el mundo de los helados veganos, y se me abrió el cielo. Poco después descubrí los helados crudiveganos, y ya fue como escuchar cantar un coro de ángeles. Alégrate, pues: optar por el veganismo no significa tener que renunciar a los helados. Puedes disfrutar de un nuevo universo de magia helada, dulce y sin lácteos. Personalmente nunca he sentido ninguna añoranza.

Sorprendente pudin de aguacate y chocolate

Ahora ya puedes desayunar pudin de chocolate. De nada.

> Para 2-4 raciones

2 aguacates, pelados y sin hueso

15 g (2 cucharadas) de cacao crudo en polvo

De 40 a 60 g (2 o 3 cucharadas) del endulzante líquido que prefieras, u 88 g (½ taza) de dátiles sin hueso

½ cucharadita de extracto de vainilla

Una pizca de canela molida, sal y/o cayena molida (opcional)

Leche de almendra

Tritúralo todo junto hasta obtener una mezcla homogénea y espesa, añadiendo leche de almendra según sea necesario, para conseguir una textura cremosa.

1 Tbsp. 15 ML

Torres de cacao, algarroba y vainilla con macadamias y nueces con chocolate

¡Ñam, ñam! Este postre está delicioso y quien piense lo contrario es que no está bien de la cabeza. Vainilla sobre algarroba sobre chocolate, ¿dónde está la pega? A mí me gusta la estética de torres altas, pero si no tienes unos moldes adecuados, puede ser demasiado entretenido, así que usa los moldes o cortapastas que tengas y adapta la forma a tu gusto. Puedes romper moldes (en sentido figurado) y hacer unas torres bajas y gruesas. Las dimensiones son lo de menos, estarán de rechupete.

> Para 4 unidades

CAPA DE CACAO

132 g (¾ de taza) de dátiles sin hueso

15 ml (1 cucharada) de aceite de coco derretido

Una pizca de sal (opcional)

30 ml (2 cucharadas) de agua, o la necesaria

10 g (1 cucharada colmada) de cacao crudo en polvo

CAPA DE ALGARROBA

75 g (¾ de taza) de nueces crudas

15 ml (1 cucharada) de aceite de coco derretido

De 20 a 40 g (1 o 2 cucharadas) de jarabe de arce

4 g (½ cucharada) de algarroba en polvo

30 ml (2 cucharadas) de agua, o la necesaria

CAPA DE VAINILLA

100 g (¾ de taza) de macadamias crudas

De 20 a 40 g (1 o 2 cucharadas) de jarabe de arce

15 ml (1 cucharada) de aceite de coco derretido

De 15 a 30 ml (1 o 2 cucharadas) de agua

DECORACIÓN DE NUECES CON CHOCOLATE (OPCIONAL)

25 g (¼ de taza) de nueces crudas

60 ml (¼ de taza) de chocolate crudo líquido (página 209)

PARA ELABORAR CADA CAPA: Tritura los ingredientes de cada lista hasta obtener mezclas suaves y homogéneas. Dispón las tres capas en el orden indicado en varios moldes individuales y mételos en el frigorífico o en el congelador toda la noche, para que se solidifique.

PARA ELABORAR LA DECORACIÓN: Recubre las nueces con el chocolate y forma tantos montoncitos de nueces recubiertas de chocolate como torres hayas hecho. Cuando el chocolate se endurezca, los montoncitos de nueces quedarán unidos. Una vez solidificadas las torres, desmóldalas y remata cada una con una decoración.

Desayuno parfait con frutas y pudin de chía

Esta sencilla receta no requiere ningún equipamiento especial y se prepara en un santiamén. Las semillas de chía me gustan mucho porque son una excelente fuente de proteínas, fibra, aminoácidos, calcio, vitamina C, potasio y omega-3. Ayudan a equilibrar los niveles de azúcar en sangre y, además, son estupendas para el pelo y para la piel. Puedes servir este desayuno en un bol o en un vaso, o donde mejor te parezca.

> Para 1 ración

PUDIN DE CHIA

10 g (1 cucharada) de semillas de chía
60 ml (¼ de taza) de agua
20 g (1 cucharada) de jarabe de arce puro
½ cucharadita de canela molida

CAPAS DE FRUTA

52 g (⅓ de taza) de cerezas sin hueso
50 g (⅓ de taza) de arándanos negros
42 g (⅓ de taza) de frambuesas
52 g (⅓ de taza) de piña troceada

PARA ELABORAR EL PUDIN: Mezcla las semillas de chía con el agua y los demás ingredientes. En un momento las semillas de chía darán a la mezcla una consistencia gelatinosa.

MONTAJE: Dispón capas de las distintas frutas intercaladas con un poco de pudin de chía, y cómetelo con cuchara o tenedor.

Pudin de chía y vainilla con canela y uvas pasas

Esta deliciosa y sana receta puede tomarse como desayuno, comida o cena, o como tentempié a cualquier hora del día. De pequeña me encantaba el arroz con leche, y tenía ganas de crear una versión crudivegana sencilla. Evidentemente esto no tiene nada que ver con el arroz con leche, pero la verdad es que lo prefiero al original. Este pudin está más bueno servido frío.

> Para 2-4 raciones

145 g (¼ de taza) de almendras crudas

177 ml (¾ de taza) de agua, o la cantidad necesaria

175 g (¼ de taza) de dátiles sin hueso

20 g (2 cucharadas) de semillas de chía

½ cucharadita de canela molida, o al gusto

23 g (2 ½ cucharadas) de uvas pasas

Tritura las almendras con el agua y los dátiles hasta obtener una mezcla homogénea y cremosa. En este punto la mezcla debe recordar a una leche de frutos secos espesa y dulce. Agrega las semillas de chía, la canela y las uvas pasas, y refrigera el pudin 1 hora aproximadamente, para que la chía absorba el líquido. Ajusta lo necesario a tu gusto y esparce por encima, por ejemplo, unos frutos secos picados, más uvas pasas y un poco de canela, unas frutas del bosque o lo que más te apetezca.

Crema quemada de anacardos, coco, lavanda y canela con plátano

Esta deliciosa receta, con una atractiva presentación, es muy divertida de preparar. Su ligera cremosidad con refrescantes notas de lavanda la convierten en una sublime experiencia gustativa. La capa quemada consiste en aceite de coco endulzado con canela, que crea una cobertura dura para el pudin de anacardos. El plátano siempre combina bien con cualquier fruto seco y, como la base del pudin son los anacardos, las capas de plátano quedan de maravilla.

> Para 4 raciones

PUDIN

145 g (1 taza) de anacardos crudos

60 g (3 cucharadas) de jarabe de arce puro

½ plátano

Las semillas de 1 vaina de vainilla, o 1 cucharadita de extracto de vainilla

1 cucharadita de flores de lavanda secas aptas para uso alimentario

De 30 a 45 ml (2 o 3 cucharadas) de aceite de coco derretido

CAPAS INTERMEDIAS

½ plátano, en rodajas finas

CAPA SUPERIOR

45 ml (3 cucharadas) de aceite de coco derretido

1 cucharadita de canela molida

20 g (1 cucharada) de jarabe de arce puro

PARA ELABORAR EL PUDIN: Tritura todos los ingredientes juntos hasta obtener una mezcla suave y homogénea, espesa y cremosa. Vierte parte de la mezcla en cuatro cuencos pequeños, hasta la mitad más o menos. Reparte por encima la mitad de las rodajas de plátano. Vierte por encima el pudin restante y termina con otra capa de plátano.

PARA ELABORAR LA CAPA SUPERIOR: Mezcla todos los ingredientes hasta obtener una mezcla homogénea. Viértela por encima de los púdines y refrigéralos hasta que se endurezca la capa superior. Disfrútalos con cuchara y unas flores.

Mousse de café sobre base de pacanas y chocolate

Preparé este postre para el Día de la Madre porque el día anterior mi madre comentó que había visto en Internet una receta de un pastel de chocolate y café irlandés que parecía de lo más tentadora... ¡Reto aceptado! Yo no bebo café, pero úsalo como ingrediente en un postre y dejaré el plato como los chorros del oro. Creo que la receta salió genial, y mi madre también (que, al fin y al cabo, era lo importante aquí). Recuerda comprar siempre café de cultivo ecológico y de comercio justo.

> Para 4-8 raciones

BASE

75 g (¾ de taza) de pacanas crudas

9 g (1 cucharada colmada) de cacao crudo en polvo

132 g (¾ de taza) de dátiles sin hueso

Una pizca de sal

MOUSSE DE CAFÉ

118 ml (½ taza) de café fuerte ya hecho, o la cantidad necesaria

110 g (¾ de taza) de anacardos crudos

175 g (1 taza) de dátiles sin hueso

1 cucharadita de extracto de vainilla

15 ml (1 cucharada) de aceite de coco derretido

DECORACIÓN DE CHOCOLATE

60 ml (¼ de taza) de aceite de coco derretido

85 g (¼ de taza) de jarabe de arce puro

40 g (⅓ de taza) de cacao crudo en polvo

Una pizca de sal

4 pacanas crudas, para decorar

PARA ELABORAR LA BASE: Tritura las pacanas en la picadora hasta obtener una harina gruesa. Añade los demás ingredientes y tritúralo todo junto hasta que empiece a adquirir consistencia. Extiende y presiona la mezcla en la base de moldes para cupcakes grandes, o los moldes que prefieras, forrados con papel vegetal. Refrigéralos.

PARA ELABORAR LA MOUSSE DE CAFÉ: Tritura todos los ingredientes juntos hasta obtener una mezcla homogénea bastante espesa, añadiendo tanto café como necesites para que quede cremosa (pero tampoco eches demasiado, pues entonces no cuajaría). Extiende la mousse sobre las bases y vuelve a meterlas en el frigorífico, preferiblemente toda la noche.

PARA ELABORAR LA DECORACIÓN DE CHOCOLATE: Mezcla todos los ingredientes hasta que la mezcla resulte suave y homogénea. Extiéndela en una capa fina sobre papel vegetal. Mételo en el frigorífico o en el congelador hasta que se solidifique. Corta el chocolate en trocitos y espárcelos por encima de las mousses. Remata cada una con una pacana.

Helado con nubes y trocitos de chocolate

Increíble versión crudivegana del helado «Rocky Road» tan popular en Estados Unidos.

> Para 1 ración grande

3 plátanos, congelados
8 g (1 cucharada) de cacao crudo en polvo
1 cupcake «s'more» (página 36)

Tritura los plátanos hasta que tengan una textura similar al helado suave (tardará tan solo un minuto y, de repente, cambia enseguida). Añade el cacao y tritúralo todo junto hasta que la mezcla resulte homogénea. Pásala a un bol. Trocea el cupcake «s'more» y espárcelo por encima del helado. El siguiente paso ya sabes cuál es.

El auténtico banana split

¿A quién se le ocurre algo mejor que tres helados suaves crudiveganos de distintos sabores (plátano, frutas del bosque y chocolate) servidos entre un plátano abierto con superalimentos esparcidos por encima? Además, este postre helado, dulce y cremoso, puede ser un magnífico desayuno, pues se prepara en un momento básicamente con tres plátanos. Sí, el Cielo en la Tierra.

> Para 1 mega banana split

2 plátanos, congelados

1 cucharadita de cacao crudo en polvo

65 g (¼ de taza) de frutas del bosque congeladas

1 plátano fresco

Tritura los plátanos congelados en la picadora o con la batidora hasta obtener una textura de helado. Retira y reserva dos terceras partes del helado. Añade el cacao al helado restante y tritúralo todo junto hasta que la mezcla resulte homogénea. Forma una bola de helado y ponla en un bol. Pasa la mitad del helado reservado a la picadora o la batidora y tritúralo junto con las frutas del bosque. Forma una bola de helado de frutas del bosque y ponla en el bol junto con la de chocolate. El helado restante es un delicioso helado de plátano. Forma una bola y añádela al bol. Corta el plátano fresco por la mitad longitudinalmente y sírvelo con las tres bolas de helado. Esparce por encima, por ejemplo, nibs de cacao crudo, frutos secos o frutas del bosque, a tu gusto.

Sándwiches de galleta de almendra y romero con helado de fresa

Podría comérmelos todos de una sentada, y no es broma. Para esta receta solo necesitas cuatro ingredientes (o cinco si añades romero). Me encantan lo sencillos y saciantes que son los postres crudos, sin ingredientes vacíos de relleno, como la harina, el bicarbonato o el azúcar. Cada uno de los componentes de estas recetas es un alimento completo y natural, especial y delicioso de por sí. ¿A que no probarías un poco de harina mientras amasas un pastel? ¿O tomarías unas cucharadas de azúcar mientras preparas un helado? Son ingredientes demasiado refinados para estar buenos solos. En mis recetas me gusta usar solamente alimentos que ya son increíbles por sí mismos. ¡Venga, ponte manos a la obra!

> Para 6-8 sándwiches

GALLETAS DE ALMENDRA Y ROMERO
145 g (1 taza) de almendras crudas
175 g (1 taza) de dátiles sin hueso
Unas hojas de romero fresco

HELADO DE FRESA
2 plátanos, congelados
255 g (1 taza) de fresas congeladas

PARA ELABORAR LAS GALLETAS: Tritura todos los ingredientes en la picadora hasta que la mezcla adquiera una textura compacta. Extiende y presiona la mitad de la mezcla en la base de un molde rectangular forrado con papel vegetal de modo que tenga aproximadamente 1 cm de grosor (o lo gruesas que quieras que sean tus galletas). Mete el molde en el frigorífico.

PARA ELABORAR EL HELADO: Tritura toda la fruta en la batidora a máxima velocidad durante varios minutos; si es preciso, ayuda a empujar la fruta hacia las cuchillas. En un momento los trozos de fruta congelada se transformarán en un helado suave, cremoso y espeso. Extiéndelo sobre la capa base de galleta y mételo en el congelador hasta que se solidifique. Luego extiende por encima la mezcla de galleta restante. Mételo de nuevo en el congelador hasta que se solidifique por completo. Recorta los sándwiches con un cortapastas. Los retales sobrantes puedes comértelos antes de servir estos deliciosos sándwiches helados.

Helado de plátano, lo mejor del mundo

Con el título ya está todo dicho.

> Para 1 ración

3 plátanos, congelados

Tritura los plátanos en la batidora a máxima velocidad; ayuda a empujar la fruta hacia las cuchillas. En un momento y como por arte de magia tendrás un helado suave, blanco y cremoso. Como toque especial, también puedes añadir unos dátiles, alguna crema de frutos secos, fruta o cacao crudo en polvo.

Sándwiches helados de chocolate y vainilla

¿Cómo va a querer alguien un sándwich helado normal cuando puedes deleitarte con esta exquisitez? Prueba esta receta y entenderás lo que quiero decir.

> Para 8-10 raciones

BASE

170 g (1 taza) de trigo sarraceno, en remojo en agua de 1 a 3 horas

30 g (¼ de taza) de cacao crudo en polvo

35 g (¼ de taza) de semillas de calabaza crudas

½ cucharadita de canela molida

35 g (3 cucharadas) de semillas de cáñamo

175 g (1 taza) de dátiles sin hueso

32 g (2 cucharadas) de cualquier crema de frutos secos crudos (opcional)

Helado de plátano (página 191) o helado de vainilla y jengibre (página 196)

PARA ELABORAR LA BASE: Tritura los ingredientes secos en la picadora hasta obtener una harina gruesa. Añade los demás ingredientes y tritúralo todo hasta que la mezcla adquiera una textura compacta o forme una bola.

Toma la mitad de la base, y extiéndela y presiónala en la base de moldes cortapastas (o cualquier otro molde). Extiende un poco de helado ablandado por encima y mételo en el congelador aproximadamente 1 hora, hasta que el helado se solidifique de nuevo. Extiende por encima la mitad restante de la base. Congela los sándwiches otros 30 minutos. Luego ya podrás desmoldarlos y disfrutarlos.

Polos de pastel de queso de fresa con copos de coco

Te sorprenderán. ¡Y es que están riquísimos! Un buen amigo dice que saben a pastel de queso de fresa. Por eso los llamo así. Pura lógica.

> Para 10 polos

HELADO

80 g (1 taza) de pulpa de coco verde fresco

175 g (1 taza) de dátiles sin hueso

145 g (1 taza) de anacardos crudos

235 ml (1 taza) de agua de coco o leche vegana

145 g (1 taza) de fresas sin el rabito

Las semillas de 1 vaina de vainilla

20 g (¼ de taza) de coco rallado sin endulzar

PARA ELABORAR EL HELADO: Tritura todos los ingredientes juntos hasta obtener una mezcla suave y homogénea. Viértela en moldes para polos y mételos en el congelador. Cuando se hayan solidificado, desmóldalos (echa un poco de agua caliente por fuera del molde para ayudar a que salgan), recúbrelos con coco y déjate sorprender.

Polos de vainilla y jengibre con cobertura de chocolate

Esta es una de mis recetas de helado favoritas: es sencillísima pero tremendamente deliciosa. Con cada mordisco que das, quieres más. El jengibre es opcional, y puedes añadir un toque sutil o convertirlo en el protagonista; como siempre, a tu gusto. Después de experimentar con diferentes sabores, me parece que el jengibre combina especialmente bien con la vainilla. Tanto si añades como si no, esta receta es un triunfo seguro. No te sorprendas si la gente te pide otro.

> Para 10 polos

HELADO DE VAINILLA Y JENGIBRE

80 g (1 taza) de pulpa de coco verde fresco

175 g (1 taza) de dátiles sin hueso

145 g (1 taza) de anacardos crudos

235 ml (1 taza) de agua de coco o leche vegana

Las semillas de 1 vaina de vainilla

Jengibre en polvo, o fresco rallado

COBERTURA DE CHOCOLATE

45 ml (3 cucharadas) de aceite de coco derretido

23 g (3 cucharadas) de cacao crudo en polvo

40 g (2 cucharadas) de jarabe de arce puro

Semillas de calabaza, para decorar (opcional)

Tritura todos los ingredientes del helado hasta obtener una mezcla suave y homogénea. Viértela en moldes para polos y mételos en el congelador. Cuando se hayan solidificado, desmóldalos (echa un poco de agua caliente por fuera del molde para ayudar a que salgan).

Para preparar la cobertura de chocolate, mezcla los ingredientes hasta que la mezcla resulte homogénea. Sumerge los polos en el chocolate líquido (si quieres, añade también unas semillas de calabaza) y deléitate con esta bendición de los dioses.

Polos de naranja y vainilla

Como solo utilizamos ingredientes naturales, estos polos no son de color blanco y naranja brillante como los Creamsicles originales, muy populares en Estados Unidos. Pero para mí este colorido natural es algo positivo: ¡no hace falta añadir misteriosos colorantes alimentarios! Estos deliciosos polos me transportan a mi infancia; recuerdo comerme rápidamente un Creamsicle para que no se deshiciera al sol y luego siempre pedía otro, a ver si había suerte. Si tienes moldes para polos que te permitan hacer un relleno y una capa exterior, úsalos para conseguir un resultado más parecido a la receta original. Yo no tengo, así que he buscado una solución alternativa sencilla.

> Para 10 polos

CAPA DE NARANJA

2 naranjas peladas

50 g (2 ½ cucharadas) de jarabe de arce puro, o al gusto

45 ml (3 cucharadas) de aceite de coco derretido

CAPA DE COCO Y VAINILLA

80 g (1 taza) de pulpa de coco verde fresco

175 g (1 taza) de dátiles sin hueso

145 g (1 taza) de anacardos crudos

235 ml (1 taza) de agua de coco, leche vegana u otro líquido

Las semillas de 1 vaina de vainilla

PARA ELABORAR LA CAPA DE NARANJA: Tritura todos los ingredientes juntos y reparte la mezcla entre 10 moldes para polos; deberían quedar medio llenos (siempre hay que ser optimistas). Mételos inclinados en el congelador, de modo que, al congelarse, la capa de naranja quede en diagonal para mayor vistosidad.

PARA ELABORAR LA CAPA DE COCO Y VAINILLA: Tritura todos los ingredientes juntos. Vierte la mezcla sobre la capa de naranja para terminar de llenar los moldes. Congélalos hasta que los polos se solidifiquen. ¡Y disfrútalos a mordiscos!

Batido divino de plátano y dátiles

Es la bebida más sencilla y más deliciosa que puedas preparar. Es como un vaso gigante de bizcocho de plátano cremoso helado en versión saludable. Puedes usar la crema de frutos secos que prefieras, así como añadir otras especias a tu gusto (nuez moscada, por ejemplo). Si te apetece preparar esta receta hoy, pero no tienes plátanos congelados, corta dos plátanos en rodajas finas y mételas en el congelador en una bandeja; en un par de horas lo tendrás todo listo.

> Para 1 batido

2 plátanos, congelados

15 g (1 cucharada) de cualquier crema de frutos secos crudos

½ cucharadita de canela molida

½ cucharadita de vainilla en polvo

118 ml (½ taza) de agua o leche vegana

Un puñado de dátiles sin hueso

Tritúralo todo junto. Disfruta de tu batido. Sonríe.

El batido de chocolate definitivo con nata de coco montada y nibs de cacao

En serio, ¿quién quiere beber leche de otra especie cuando existe la posibilidad de deleitarse con una exquisitez sin lácteos como esta? Puedes tomarte este batido con la satisfacción de estar ingiriendo tres raciones de fruta más otros nutrientes de alta calidad. Gracias, Madre Naturaleza.

> Para 1 o 2 raciones

BATIDO

3 plátanos, congelados

45 g (¼ de taza) de dátiles sin hueso

15 g (2 cucharadas) de cacao crudo en polvo

20 g (1 cucharada) del endulzante líquido que prefieras (opcional)

15 g (1 cucharada) de crema de almendras crudas

De 235 a 473 ml (1 o 2 tazas) de leche de almendra

½ cucharadita de extracto de vainilla

Canela o cayena molida (opcional)

DECORACIÓN

45 ml (3 cucharadas) de nata de coco montada (página 207)

1 cucharadita de nibs de cacao crudo

Tritura todos los ingredientes del batido juntos hasta obtener una mezcla homogénea y muy suave. Si quieres, añade canela o cayena para un toque adicional de sabor. Decóralo con nata de coco montada y nibs de cacao. Pon una pajilla en el vaso y sonríe. Sí, claro, y ahora disfruta de tu batido.

Sorbete de fresa con agave y menta

Riquísimo y refrescante a cualquier hora del día.

> Para 1 ración

255 g (1 taza) de fresas congeladas
1 cucharadita de sirope de agave (opcional)
Una ramita de menta fresca, para decorar

Tritura las fresas con el sirope de agave hasta obtener un sorbete cremoso. Decóralo con la menta. ¡Listo!

capítulo 5

Recetas básicas

En este breve apartado encontrarás recetas que se usan con frecuencia en mis postres. Además, añado una receta de cacao a la taza porque me parecía que no podía dejar de incluirla.

Nata de coco

Puedes comprar leche de coco entera en lata, refrigerarla 48 horas y luego retirar la grasa que se habrá solidificado en la parte superior. Con ella puedes hacer nata de coco montada. Está deliciosa y la uso en algunas de mis recetas. Esta versión, en cambio, es cruda al 100% y tiene un sabor a coco más puro. Si prefieres que la nata quede blanca, usa un endulzante líquido; por ejemplo, agave. Si no, unos dátiles harán la misma función.

> Para 410 ml (unas 2 tazas)

55 g (⅔ de taza) de pulpa de coco verde fresco

118 ml (½ taza) de agua de coco, o la cantidad necesaria

40 g (¼ de taza) de anacardos crudos

40 g (2 cucharadas) del endulzante líquido que prefieras

1 cucharadita de zumo de limón recién exprimido

118 ml (½ taza) de aceite de coco derretido

Tritura todos los ingredientes hasta obtener una mezcla homogénea, espesa y cremosa. Tal vez sea preciso refrigerarla para que espese un poco más.

Chocolate crudo

Es algo que no puede faltar en tu vida.

> Para 180 g (un poco más de 1 taza)

60 g (½ taza) de cacao crudo en polvo o algarroba en polvo

118 ml (½ taza) de manteca de cacao crudo derretida o aceite de coco derretido

115 g (⅓ de taza) del endulzante líquido que prefieras

Mezcla todos los ingredientes juntos hasta que la mezcla resulte suave y homogénea. Viértela en un molde para chocolate o una bandeja de horno forrada con papel vegetal. Mételo en el frigorífico o en el congelador hasta que se solidifique. Opcionalmente puedes añadir vainilla, guindilla molida, canela molida, bayas de goji, avellanas o mezquite en polvo, entre muchas otras cosas. Esta no es más que una receta básica para que puedas hacer realidad tus sueños de chocolate saludable.

Pasta de dátiles

Es el endulzante natural perfecto. Con la pasta de dátiles, tus recetas serán saludables y crudiveganas al 100%.

> Para 477 ml (unas 2 tazas)

175 g (1 taza) de dátiles sin hueso
235 ml (1 taza) de agua
1 o 2 cucharaditas de zumo de limón recién exprimido

Tritura todos los ingredientes juntos hasta obtener una mezcla suave y homogénea; añade más o menos agua, en función de la consistencia deseada. Conserva la pasta de dátiles en un recipiente hermético en el frigorífico.

Cacao a la taza

Los mayas fueron los primeros en rendir culto a la bebida caliente de chocolate: hace miles de años crearon una mezcla de cacao, agua caliente, guindilla y a veces vainilla. Aquel superalimento les proporcionaba fuerza física y capacidad mental, y desde entonces han sido muchas las civilizaciones que han podido disfrutar de sus virtudes. Por eso estoy convencida de que el cacao es bueno para mí, ¡está escrito en la historia! Date un gusto con esta exquisita bebida dulce que te aportará energía y un gran valor nutricional.

> Para 1 ración

235 ml (1 taza) de agua o leche vegana

8 g (1 cucharada) de cacao crudo en polvo

⅛ de cucharadita de guindilla molida, o al gusto

⅛ de cucharadita de extracto de vainilla

20 g (1 cucharada) del endulzante líquido que prefieras

15 ml (1 cucharada) de aceite de coco

Calienta el agua. Cuando esté muy caliente, mézclala con los demás ingredientes, hasta obtener una mezcla suave y homogénea. Prueba la bebida y ajusta los sabores a tu gusto.

Recursos

Ingredientes

La mayoría de los ingredientes que verás en estas recetas son fruta fresca y seca, frutos secos, semillas y a veces avena o trigo sarraceno. Pero vamos a concretar un poco más. Yo te sugiero que siempre tengas los siguientes ingredientes en la cocina o la despensa, pues son la base de la mayoría de mis recetas. Todos pueden comprarse en línea (preferiblemente crudos y de cultivo ecológico, ¡claro que sí!) a precios razonables.

FRUTOS SECOS Y SEMILLAS: Normalmente siempre tengo varios tipos a mano. Pacanas, almendras, anacardos, piñones, macadamias, nueces, pistachos, semillas de calabaza, de cáñamo, de lino, de girasol... y la lista continúa. Por lo general, un fruto seco puede sustituirse por cualquier otro, y lo mismo con las semillas. Los frutos secos y las semillas (junto con la avena y el trigo sarraceno) serían el equivalente a la harina en los postres crudos; son los ingredientes secos. Tienen un alto contenido en proteínas, omega-3 (una grasa saludable), fibra, cinc, magnesio, calcio, fósforo y vitaminas B y E. Además, se ha demostrado que contribuyen a disminuir el riesgo de enfermedad cardiovascular y reducen los niveles del colesterol malo, al tiempo que aumentan los del bueno.

AVENA Y TRIGO SARRACENO: Algunas personas se quejan de que los postres crudos contienen demasiada grasa porque básicamente están hechos con frutos secos. Yo intento reducir al mínimo el contenido en grasas de mis recetas, y la avena y el trigo sarraceno son de gran ayuda en este sentido. La avena es ideal para las masas base (en lugar de frutos secos) y, si necesitas una receta sin gluten, puedes optar por trigo sarraceno (o avena sin gluten). Si nos decantamos por el trigo sarraceno o la avena sin gluten, todas las recetas del libro serían sin gluten. ¡Genial!

FRUTA SECA: En mis recetas utilizo sobre todo dátiles, pero también uvas pasas, ciruelas pasas e higos. Los dátiles Medjool son los mejores porque son muy grandes y de textura algo pegajosa, aunque es divertido experimentar con distintas variedades. Las frutas secas -junto con el aceite de coco y los endulzantes líquidos- son los ingredientes húmedos de los postres crudos. Los dátiles y otras frutas secas son una excelente fuente de antioxidantes anticancerígenos, fibra, vitaminas B, potasio y magnesio, sustancias que ayudan a mejorar la actividad cerebral, equilibran los niveles de azúcar en sangre, fortalecen los huesos y reducen la tensión arterial. ¡Un hurra por la fruta! Es el alimento perfecto.

ENDULZANTES LÍQUIDOS: En mis recetas te dejo elegir qué endulzante utilizar, pues existen diversas opciones. En general, puedes usar jarabe de arce puro, sirope de agave, néctar de coco, miel cruda (opción no vegana) o pasta de dátiles (página 210). Técnicamente el jarabe de arce no es un producto crudo, pero solo necesitaremos cantidades muy pequeñas de endulzante líquido, por lo que tampoco es algo con lo que obsesionarse. Como endulzante, yo recomiendo el jarabe de arce, porque es nutritivo, vegano y está muy poco refinado, pero lo mejor es que decidas qué endulzante prefieres tras investigar un poco y hacer algunas pruebas. Sobre gustos no hay nada escrito.

ACEITE DE COCO: Para disfrutar de todos sus valores nutricionales y del máximo sabor, intenta comprar aceite de coco virgen crudo de producción ecológica. También es un excelente hidratante para la piel (aunque no está indicado para la cara, porque obstruiría los poros). Casi todas mis recetas incluyen aceite de coco *derretido*, y es que su estado natural a temperatura ambiente es sólido, por lo que primero tendrás que derretirlo. Para ello, pon la cantidad indicada en un cuenco y ponlo al baño maría hasta que el aceite de coco se vuelva líquido. Así de fácil. El aceite de coco contribuye a reducir los niveles del colesterol malo, refuerza el sistema inmunitario, mejora el metabolismo, ayuda a perder peso y, además, es buenísimo para el pelo y para la piel.

CACAO Y ALGARROBA: Son los protagonistas de mis recetas chocolateadas. El cacao crudo se obtiene del fruto del árbol del cacao. Su nombre significa «alimento de los dioses» en náhuatl. Se puede comprar en polvo o como nibs; es bueno tener de los dos tipos para mis recetas, aunque sin duda uso más el cacao en polvo que los nibs. También puedes comprar manteca de cacao y usarla, en vez del aceite de coco, para hacer chocolate crudo. Está demostrado que el cacao mejora el estado de ánimo, la actividad cerebral, la circulación sanguínea y el metabolismo. Es rico en antioxidantes, fibra, manganeso, azufre y magnesio. La algarroba es la vaina del algarrobo; al molerla se obtiene algarroba en polvo. Es menos grasa y más dulce que el cacao; puedes usarla como alternativa al cacao en totas mis recetas. La algarroba tiene propiedades antivíricas, antibacterianas y antialérgicas, además de favorecer una buena digestión. Puede ayudar a regular el nivel de glucosa en sangre y a reducir el colesterol. Nota: La algarroba no es tóxica para los perros (a diferencia del cacao), por lo que si quieres hacer dulces de chocolate crudiveganos para tu mascota –o le gusta robarte los postres–, ¡usa algarroba!

Equipamiento

Hay gente que cree que para preparar recetas crudívoras se necesitan muchos aparatos caros, pero no tiene por qué ser así. Sí, claro, puedes decidir gastarte mucho dinero en los últimos artilugios de moda, y está muy bien si puedes permitírtelo, pero para mis recetas de postres el electrodoméstico más importante que necesitarás es una buena picadora. La uso en casi todas las recetas del libro. Puedes encontrar picadoras excelentes a buen precio, en línea; recomiendo Cuisinart o KitchenAid. Para hacer mis recetas, también puede resultarte útil una batidora de vaso y un deshidratador. Recomiendo las batidoras Vitamix, muy resistentes -yo uso la mía cada día para preparar batidos verdes y un sinfín de otras delicias saludables-; las batidoras Blendtec están al mismo nivel. Suponen cierta inversión, pero valen la pena. Nota: En la mayoría de mis recetas, cuando hay que utilizar una batidora, puedes usar también una picadora; quizá el resultado no quede tan suave, pero así podrás ahorrarte un dinerito. Por último, tenemos los deshidratadores, unos aparatos que deshidratan poco a poco los alimentos durante varias horas a baja temperatura. Si decides hacerte con uno, te sugiero Excalibur -¡vaya nombre más épico!-. De todos modos, yo casi nunca deshidrato nada. Como alternativa, puedes hacerlo en el horno a la temperatura mínima y ya está. En mi caso, suelo usar el horno de convección en la posición para mantener caliente y me funciona.

Alternativas, adaptaciones y alergias

Como ya he comentado, las alternativas y variantes que puedes probar en las recetas crudiveganas son infinitas. Tu elección dependerá única y exclusivamente de tus preferencias. Yo intento ofrecer tantas opciones como sea posible porque, para mí, lo más importante de una alimentación saludable es hacer lo que funciona para uno. ¡La alimentación es algo personal! ¿Qué buscas? ¿Recetas bajas en grasas, sin gluten, sin coco, sin frutos secos? Te prometo que encontrarás algo que te sirva. ¡De verdad!

Prácticamente todos los frutos secos son intercambiables, y lo mismo ocurre con las semillas. Puedes sustituir la avena por trigo sarraceno, y viceversa. Los dátiles, las uvas pasas, los higos y las ciruelas pasas pueden intercambiarse unos por otros. Se puede usar manteca de cacao en vez de aceite de coco. Todos los endulzantes líquidos son intercambiables. En el caso de las tartas heladas y los pasteles de queso crudiveganos, mucha gente me pregunta qué pueden usar en vez de plátanos o frutos secos; yo les digo que la pulpa de coco verde, los dátiles o el aguacate son buenos sustitutos -y no les miento-. El cacao y la algarroba en polvo también son intercambiables.

Agradecimientos

Quiero dar las gracias a todo el personal de Page Street Publishing (en especial a Will, Marissa y Meg) por hacer que este libro vea la luz. Es un sueño hecho realidad.

Tengo que dar las gracias a mis padres, por aceptar siempre mis rarezas y apoyarme en todo lo que hago al 100 %. Os quiero, mamá y papá.

Estoy también muy agradecida a todos y cada uno de mis entusiastas lectores, que son los que me han llevado hasta donde estoy ahora. No podría haberlo hecho sin vuestro cariñoso apoyo.

Por último, necesito dar las gracias al universo (un loco y maravilloso mundo conectado) ¡y por supuesto a TI!

Acerca de la autora

Emily von Euw vive cerca de Vancouver, en la bonita provincia de Columbia Británica, en Canadá. Dedica su tiempo a abrazarse a los árboles, bailar frenéticamente al ritmo de música extravagante, echarse unas risas con sus amigos, soñar, estudiar en la universidad, trabajar en su galardonado blog (www.thisrawsomeveganlife.com), ejercitar sus pantorrillas de forma espontánea, consumir enormes cantidades de chocolate crudo y zumos verdes, y escribir algún que otro libro.
¡Ah! ¡Y cree que TÚ eres realmente genial!

Índice

B

C

U

V